［新版］

大学事務職員のための
高等教育システム論

より良い大学経営専門職となるために

山本 眞一

東信堂

はじめに

この本は、標題にもあるように、大学にお勤めの事務職員の方を主な対象として書きました。本文中にもしばしば触れておりますが、近年大学を巡る環境変化の中で、大学経営を担い、あるいは支える人材に対する注目度が上がってきています。それは大学経営専門職あるいは大学アドミニストレーターと呼ぶべき人材であり、その多くは今の事務職員集団から輩出すべきものです。

そのような人材を志す方々のために、知っておいて欲しい高等教育の基礎知識と事務職員の心構えのようなものを合わせて書いてみました。何分新しい試みであり、いろいろ不備もあろうかと思いますが、読者の皆さんからの声も頂戴しながら、この分野の研究と執筆活動を続けてまいりたいと考えております。

この本の初版は、平成18年に文葉社から刊行しました。出版後、この本が職員の研修や大学での教材として使われるようになり、予想以上に多くの読者の方に利用していただきました。初版で不十分だったところ、その後の状況の変化などに合わせて改訂版を作りたいと思っておりましたが、同社の廃業に伴い改訂作業も中断しておりました。このような折、高等教育の出版で著名な東信堂から出版することとなり、改訂版をまとめることができました。遅れ勝ちな改訂作業を暖かく見守ってくださった下田社長のご好意に感謝する次第です。

平成24年4月

山本　眞一

目次

大学事務職員のための高等教育システム論（新版）

―より良い大学経営専門職となるために

第一章　職場としての大学（本書の問題意識）

1. 変わる大学と事務職員の役割

近年、大学事務職員の位置づけや役割について、大学改革の観点から関心が高まってきています。それは、これからの大学に期待される役割やそれに必要な諸改革を前にして、今の大学事務職員のありようが、実情にそぐわないという漠然とした思いがあり、それを何とか改善しなければならないと考える人々が増えてきているからです。後でも述べますが、大学を巡る諸環境はこの20年近くの間に大きく変わってきました。それに対応して大学がとるべき対応や行うべき業務は、複雑かつ高度化してきています。昔のように教員が講義をしたり研究をしたりすることと、それを職員が事務的にあるいは技術的に支えるだけで、大学はうまく回っていくという時代ではありません。入試にしても、群がる受験生から一握りの合格者を選ぶという幸せな大学はどんどん減ってきて、多くの大学にとっては、いまや「学生確保」は大学業務の大きな柱です。

以前から、大学には「管理運営」という言葉がありました。変化の緩慢な時代にあっては、教授会による自治、すなわち教員主導の意思決定だけでも大学は運営できたのです。もっともその時代でも裏方の職員は、庶務・会計的な事務処理に加えて、文部省[1]との関係や学生サービスそして学内諸組織の調整には苦労していたかと思いますが。しかし、これからの大学には知識社会の中で主体性をもってその役割を果たすという大目標があり、また個別の大学にとっても、18歳人口の減少の中でいかに優秀な学生を集めるか、競争的資金環境の中でいかに研究費や寄付金を確保するか、地域社会や産業界からの期待にいかに応えるか、などさまざまな課題を処理していかなければなりません。さらに、大学本来の教育研究活動も、かつては考えられなかったほど高度化が進み、大学は多くの優秀な教員・研究者と先進的施設設備を必要とする一大装置産業になってきました。このような大学を動かすには管理運営というよりは、「大学経営」という言葉がふさわしくなってきたのです。

ところで、大学事務職員の役割の現状はどうでしょうか。前述したような変化に対応した役割を果たせているでしょうか。もちろん、事務職員といっても上は事務局長から部長、課長そして下には就職したばかりの一般職員まで多様なレベルがあり、それぞれが関っている仕事にも大きな違いがあります。それを一言で事務職員と言うのはいささか乱暴な議論になるかも知れません。

しかし、私は今の大学の経営を考える際に、事務職員に共通する問題が多いという認識をもっておりますので、あえてそのレベルや職種の限定をせずに議論を進めていきたいと考えています。その際、なるべく多くの事務職員の方に判りやすく述べようと思いますので、時と場合によっては異なりますが、大体主任・係長から課長補佐程度の中堅職員を視野において議論を進めているとご理解ください。

さてその事務職員の役割です。読者の皆さんの大学では、職員は張り切って仕事をしているでしょうか。またその際、大学経営に関る重要な仕事をどの程度まかされているでしょうか。大事なことは皆、教授や准教授などの「先生方」が決め、あるいはその際教授会決定だと言われて、事務的な後始末だけ押し付けられたことはありませんか。教授会や委員会に先生方と同じメイン・テーブルに座っていますか。席の後ろの方から、議事録を読み上げたり配付資料の確認だけのために発言したりすることで満足してはいませんか。訪問者を大学に迎えるにあたって手違いがあって、先生から段取りが悪いと叱られたことはありませんか。あ

1　文部省は、平成13年1月の省庁統合によって科学技術庁と一緒になり、文部科学省（文科省）となりました。しかし、現文科省と旧文部省とでは、その役割や関係者が持つイメージに大きな差異があります。そこで私は、省庁統合以前のことについては文部省と言い、以後のことについては文科省と言うことを原則にしてこの本を書いています。

るいは逆に、若い先生が出してきた何かの申請書類について、書式と違っていますと言って冷たく突き返したことはありませんか。教授会で説明を求められたとき、文科省ではこのような方針のようです、と言って先生方が知らない情報を自分は知っていると密かに優越感を覚えたことはありませんか。

これらのことの前半部分は、皆さん方職員が教員に従属した立場であること、後半部分は、皆さんがその対抗手段として規則や官庁情報に頼って教員を管理しようとする立場であることを示しています。しかし、私はこの両方とも、これからの大学経営にとってマイナスにこそなれプラスになるような話しでは決してないと思います。確かに、これまでの大学事務職員は、大学の教育研究活動の中での周辺部分の役割しか与えられてこなかったことは事実でしょう。つまり大学には教授や准教授などの教員がいて、その教員が学生を指導する、その教員・学生の関係こそ大学の根幹であって、事務職員はこれを支えるサポート要員に過ぎないという意識が強かったのです。

私が嫌いな言葉の一つに、教員が無意識に発する「ジム」というのがあります。「ジム」というのはもちろん「事務」のことですが、事務作業を指すだけではなく、事務職員あるいは事務職員の集団を指して使う言葉であることは、皆さんもご存知のことと思います。その「ジム」

の向こうに何が見えるでしょうか。おそらく皆さん方一人一人の顔はこの言葉からは見えて来ません。集団の中に埋没した個性のない事務職員、何と心の通わない言葉でしょうか。私は、教員のことを「キョウイク」とか「ケンキュウ」と呼ぶのがおかしいのと同様、職員のことを「ジム」と呼んではならない、これは「不快語」の一つだと考えています。したがって私は自分では使わないし、折あるごとに皆さんにも申し上げています。そして私自身は、事務職員のことを「○○さん」と呼ぶように務めていますし、集団としての事務職員には、「事務局」とか「事務室」とかいうような呼び方をしています。しかしそれにも関らず、事務職員の中でもこの言葉を使っているのを見ると、本当に悲しい気持ちになります。この本を読まれた皆さんは、ぜひ、この不快語を追放して職員の個性を回復してください。またそのためには、皆さんも例えば電話を受けたときは、「○○係の△△です」というように個人名を名乗るようにいたしましょう。

2. 私自身の職場体験から：教員と職員、その二つの世界

私は、昭和54（1979）年11月、ある有名国立大学の事務局の課長として赴任しました。それは、当時勤めていた文部省の人事のやり方によると、係長から課長補佐に昇進するには、必ず県の教育委員会か国立大学事務局の課長として経験を積む必要があったからです。30歳そこそこの若僧を組織の幹部に据えるという習慣は、文部省だけではなく、大蔵省からの税務署長、警察庁からの警察署長、自治省からの県の課長、国鉄本社からの鉄道管理局の課長など各省庁等で行われていたことで、そして多くは現在も続いています。その是非についてはいろいろ意見があり、行き過ぎたキャリア組優遇には批判があるわけですが、私個人にとっては、そこで見聞きしたことや仕事の経験が、大学事務職員のあり方に関心を持つきっかけとなったという意味に限れば、それは貴重なものでした。

私は、その大学に赴任する前にすでに文部省で7年半ほど仕事をしてきており、その間にいろいろな大学の先生たちに会う機会がありました。その多くの先生は、文部省に来るときには大変愛想がいいか、あるいは役所に来る機会があまりないらしく、おどおどした様子の

先生が多かったような気がします。学生時代には話す機会のなかった出身大学の先生方と親しく話しをすることができたのも、私にとっては幸せでありましたが、確かに大学の先生方が文部省に来るときは、審議会などで来る偉い方々を除けば、何か頼みごとをする場合が多いですから、仏頂面では困るわけです。

ところが、同じその先生方は学内ではどのような顔をされているか。とりわけ職員に対してはどのような態度で臨まれるのでしょうか。こういう問題は、なかなか世間ではとりあげられませんが、私は、かなり厳しいものがあるのではないかと考えております。私自身も大学に赴任した途端に、そのように感じました。つまり外と内とでは先生の顔が違うのです。外では、さまざまな相手との対等な関係あるいは相手が上位ということもあって、先生方も慎重に行動されるのでしょう。しかし、内部の相手は学生や職員がほとんどです。いずれも大学の構成員とはいえ、権威という力関係では全く異なります。大学では、少なくとも当時の大学では、先生方こそ大学の主人であり、あとの二者はそれに仕える従者のような関係におかれていたのです。しかも、学生は卒業すればいずれ先生方と対等に付き合えるような仕事に就く可能性があるのですが、職員にはそれがありません。職員はいつまで経っても職員ですから、長く勤めれば勤めるほど、先生方には頭が上がらなくなるという仕組みなのです。

こういう大学内の力関係は、大学の自治が誰のものかという点でも明らかです。私は、これは「教官の、教官による、教官のための大学自治」なのだと強く感じました。私が勤めたその国立大学では、何と一方は「教官」であり片方は「職員」と呼ばれておりました。「事務官」という呼び方はなされていなかったと記憶しています。この非対称的な単語の使い方がまさに大学内の雰囲気をよく伝えています。そういえば、今でも大学によっては、「教官」という呼称が残っているようです。私がかつて勤めていた筑波大学でも「研究室」のプレートは、法人化の後も「山本教官室」となっていました。

事務職員の中には、確かに優秀な人がいます。しかしその優秀さを発揮しようとすれば、たちまちこの「教官の…」の原理と衝突しかねません。能ある鷹は爪を隠すと言いますが、優秀な職員であればあるほど、ここでの処世術は「何事も先生方のおっしゃる通り」です。なまじ正論を吐いて事務を進めようとすると、おそらくは「ジムが何をやるか！」と叱られることは請け合いですから、幹部職員といえども半分は自分のため、もう半分は事務組織と教員が軋轢を生まないように、思い切ったことはなかなか言いにくいという雰囲気があります。もっとも先生方のおっしゃることは、個人的な判断もありますが、その多くは教授会や委員会の議決を経て決められたものでしたから、先生方も全く自由に振舞っていたわけではありません。

私が大学事務局でしばらく過ごす中で、強く感じたことは「大学には教員と職員という相容れない二つの世界がある」ということでした。企業であれば、新入社員の誰でもがその企業のトップになれる可能性があります。少なくとも戦後の日本社会ではそれが常識とされてきたのではないでしょうか。ところが、大学の職員は何年勤めても職員であり、学部長や学長になれるものではありません。それどころか、教員になることすら至難の業なのです。先年惜しまれつつ逝去された慶応義塾大学の孫福弘教授は、職員出身という数少ない事例だと思います。普通はとてもそこまで行けません。

戦前の日本では、今よりもはるかに厳しい身分区別がありました。企業における正社員としての職員とそうでない雇員、軍隊における士官と兵員などはその一例でありましょう。今でもそれは一部に残っていて、国家公務員制度のキャリアとノンキャリアもその一つです。また、私が文部省で仕事をしていたとき、大学の実習船を見に行ったことがあるのですが、船長や航海士などの幹部と一般乗組員とは居室や食堂まで別々で、びっくりしたことがあります。

これは欧米社会にはよくあることかも知れません。米国の大学を訪ねてみるとよく判るのですが、教授や幹部職員は、必ず秘書やその他の部下を使いながら仕事をしています。命令をする者とそれを実行する者との関係がはっきりしているのです。同じ職場で下位の者が年功で上位に移るということは少ないようです。上位の仕事を目指すものは、転職をして新しい仕事に就く、あるいは同じ職場でも競争によって上昇をするというのが普通ではないでしょうか。ただ、戦後日本の発展をもたらしたものは、いわゆるヒラ社員の高い勤労意欲であり、それは誰でもトップに上昇できるという可能性がすべての社員にあったからでありましょう。

ところが大学にはそれがないのです。それどころか、経営には素人のはずの教員が、しかも本来の教育研究以外の雑務であるはずの管理運営について、教授会を構成し、また学部長や学長になってこれにあたっています。一方、本来なら勤務時間のすべてを使って管理運営業務に専念している職員の中からは、いかに優秀な者でも管理者としての道が開かれていないのです。いや、実際には多少は開かれていたのかも知れませんが、少なくとも私が当時観察した大学の実情はおよそそういうものであったのです。

3. 拡張する大学の役割

教員主体による大学の管理運営は、大学をめぐる環境に大きな変化がなく、大学が象牙の塔、学問の府として社会の尊敬を集めていた間は、それでも立派に通用していたのです。しかし、近年の環境変化により、大学にはさまざまな役割が求められるようになりました。

このような観点から、大学の諸機能を今一度整理してみましょう。言うまでもなく、大学の役割は知識を扱うことにあります。その知識の性質をまず考えてみましょう。知識の中には、先人の努力によって明らかにされそしてそれが蓄積されてきたものがあります。いわば「既知」の知識とでも呼ぶべきものです。これに対して、人類にはまだまだ解決しなければならない問題があり、その解決のため明らかにしなければならない知識が数多く存在します。これを研究によって明らかにすることが大学の一つの役割ですが、そのような知識は「未知」の知識です。また、知識はその獲得自体に意味がある「基礎」的なものから、その知識を使って現実問題を解決するための「応用」的なものまでいろいろあります。この「既知」〜「未知」、「基礎」〜「応用」の二つの軸を使うと図表1—1にあるような四つの象限が作られます。それ

図表１－１　大学の諸機能と対応する教育研究組織

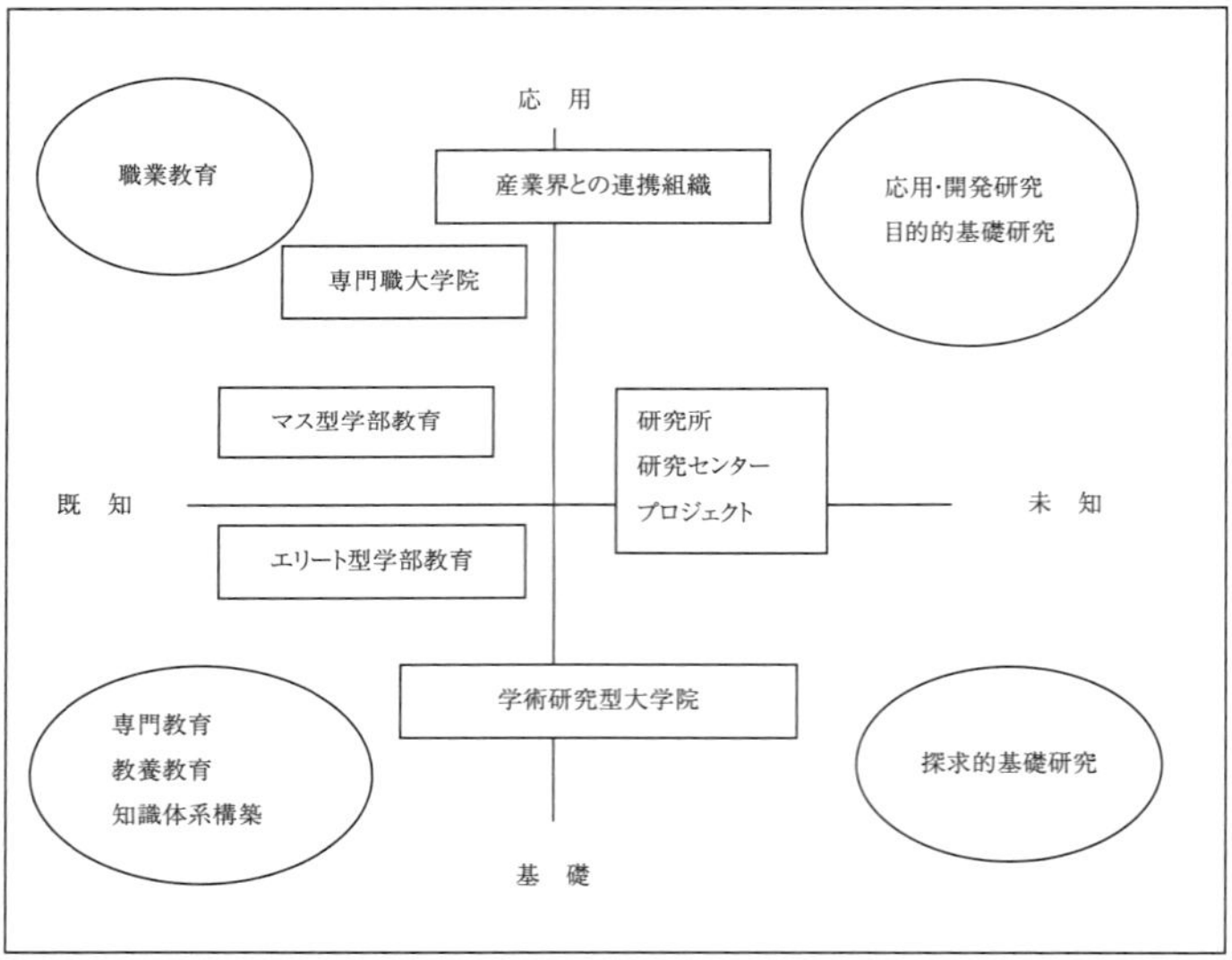

（出典）筆者（注）○は大学の機能、□は大学の組織である。

それの象限にある楕円に囲まれた記述が、その象限に関係する大学の役割です。

例えば、第3象限すなわち「既知」・「基礎」で区切られたところにある「専門教育」、「教養教育」、「知識体系構築」は、我々にとってもっとも馴染みの深い大学の役割、すなわち前2者は大学の教育の、そして後者は大学の研究を示しています。これに対応する大学の組織としては、学部教育と大学院教育がありますが、学部教育は戦前の旧制高校や帝国大学を一つのモデルとする「エリート型学部教育」であり、大学院は研究者養成を主目的とする「学術研究型大学院」であると言えるでしょう。

ただし、この第3象限の機能は、社会の諸変化によって大きなチャレンジを受けているのです。学術研究面で言えば、これまでのような欧米の研究成果を受容し紹介するような研究、つまり既知の成果を整理することに重点を置くのではなく、我が国から、未知の知識に関る研究成果を積極的に発信すること、すなわち欧米先進国の大学に伍してその役割を果たすことが求められるようになってきています。文系の研究分野では、未だに「研究」と「勉強」の区別が不分明なものが多いと思いますが、世界標準で言えば「研究」とは「未知」のものを明らかにするプロセスであることを忘れてはなりません。

今一つのチャレンジは、既知の知識の教育に関るものです。大学進学率が低く、大学卒業者がエリートであった時代には、基礎的な学問や教養を身につけることが、社会の指導者として必要な資質でありました。しかし、高等教育の大衆化に従い、多くの学生の関心事は実用職業教育の方に向いています。教養教育も「学士力」と呼ばれる基礎的な能力養成にその軸足を移しつつあります。大学の多くは、このことに真摯に対応しなければ、その経営基盤を失うことになるでしょう。また、このことは図表1―1中の「マス型学部教育」だけのことではありません。資格社会、専門職社会への動きを反映して、これからは大学院レベルでも職業教育は大学の重要な機能になると考えられます。その最高級のところには「法科大学院」や「ビジネス・スクール」が位置付けられるでしょうが、その他の領域においてもやがて職業教育の是非が論じられるようになるでしょう。大学院が、研究者養成の場であるのか、高度専門職業人養成の場であるのか、大学院改革をめぐってすでに四半世紀以上論者の綱引きが演じられていますが、やがて役割分担する形で、それぞれが発展をみるようになるのではないでしょうか。

このほか、研究の分野でも、従来からの純粋学術研究型の基礎研究に加えて、社会との接点を意識した応用・開発研究や目的的基礎研究の領域が広がりつつあります。１９９６年から始まる科学技術基本計画で言う研究開発の重点領域は、まさにこのことを指しているものと思われます。このような研究に対して必要な研究組織としては、研究所、研究センター、研究プロジェクトなどいろいろあるのです。日本の高等教育研究界で有名な米国の高等教育研究者、ロジャー・ガイガー教授（ペンシルベニア州立大学）は、１９９０年に「Organized Research Unit」という概念を打ち出して、伝統的な学部組織との違いを強調しています。我が国においても、今後の研究活動は固定的イメージの強い学部・大学院組織ではなく、研究所・

センター・プロジェクトのようなより流動的な研究組織に重点を置いて行われるようになるでしょう。

ただ、一つの大学が先端的な学術研究から実用的な職業教育に至るまでのすべての機能を兼ね備え、それに十分な体制を組むことは極めて難しいのです。学術研究のレベルは飛躍的に向上し、また高等教育の大衆化(マス化)に伴い人々の学習欲求は多様化してきています。これに応じるには、各大学が自らのミッション(役割)を明確にして、かつ、それに向かって改革努力を重ねていくことが大切です。すでに昭和38(１９６３)年の中教審答申にもその問題意識が上っておりますし、また、１９９８年に出された大学審議会答申「21世紀の大学像と今後の改革方策について」の副題として掲げられている「競争的環境の中で個性が輝く大学」というフレーズも、このことを凝縮したものだと思います。また、２００５年の中央教育審議会答申では、これからの高等教育の役割が機能別に明確に述べられています。これらはつまり、各大学が特色を活かすことによって、高等教育システム全体として、より多くの社会の期待に応えることができるのだと解釈すべきでしょう。

しかし、いずれにせよ、大学の機能が拡張する中で大学経営は以前のように気楽な仕事ではなくなってきていることは事実です。高度な知識や迅速な判断が求められる厳しいビジネスの世界に大学は入ろうとしています。経営にはそのような能力を備えた人たちが、全精力を傾けて当たらなければ、間に合わないような状況が生まれつつあるのです。

4. 職員に期待される大学経営への参画

前節で、これからの大学経営には、高度な知識と迅速な判断力を持った人材が必要であると述べました。しかしながら、今の大学にそのような人材は果たして存在するでしょうか。もちろん、今の理事長、学長、副学長、学部長には、そのような知識と判断力を持った良き経営者もおられます。ただそれは彼らの個人的資質によるものであって、今の学長や学部長はそのような基準で選ばれているのではないことは、職員である皆さんであれば誰でもご存知のことです。

そもそも教員はある専門分野の専門家です。専門家であるからこそ他者に対して優位を保つことができるのです。猿は木から落ちても猿だが選挙に落ちた代議士は只の人だと言われるのと同様、専門性を失った教員も只の人ということになります。したがって教員は何よりも専門分野から離れることを嫌います。学部長が同僚教授の一人だという意識を皆が持っていることは昔から言われていることですが、専任職として置かれることの多い副学長や学長ですら、教授と兼ねることを本人が望んだり、あるいは大学の管理運営業務よりも国際学会の日程を気にし勝ちであったりするのは、本人の問題というよりは、教員というものに染み付いた行動特性であると言えましょう。

そこで解決策は三つあります。一つは、教員を訓練して適任者を管理職に据えることです。これは最も実態に即した解決策であるように見えますが、しかし以上に述べたような理由によって、これには一定の限界があります。二つ目の解決策は、外部から適任者をスカウトしてくることです。大学の財務部長に金融機関から人を呼んだり、あるいは学長、事務局長に官庁から入れてみたりするのもその一つでしょう。これは時によっては効果が大きいと思いますが、彼らの多くは大学というものの実態をよく知りません。よく知らないからこそ大胆な判断ができるというメリットはあるでしょうが、実態に即した大学経営を行うには、これまた一定の限界があるのです。

そこで第三の解決策は、職員の出番です。何よりも言いたいことは、私が経験したような過去の大学ならいざ知らず、これからの大学には、教員とイコールの立場で仕事ができる良きパートナーとしての人材が必要になる、そうでなければ、今後ますます複雑・高度化する大学経営は、早晩支えられなくなるであろうということです。私は今、職員からと言いましたが、今の職員をそっくりそのまま管理職に据えるという意味ではありません。大学を経営しうるような人材を、現在の教員でも職員でもない第三のカテゴリーの人材すなわち「アドミニストレータ」とも言うべき立場で、当面は職員の側からその多くを輩出しなければならないということなのです。そして彼らアドミニストレータに、教員と「協働的関係」に立って仕事ができるだけのゆとりと能力を備えてほしいのです[2]。

国立大学の法人化の検討の際文科省に置かれた「国立大学の法人化に関する調査検討会議」は、２００３年３月に「新しい国立大学法人像について」と題する報告を出しています。実は私もその会議のメンバーの一人でした。そこでは事務組織について「従来のような法令に基づく行政事務処理や教員の教育研究活動の支援業務を中心とする機能を越えて、教員組織と連携協力しつつ大学運営の企画立案に積極的に参画し、学長以下の役員を直接支える大学運営の専門職集団としての機能を発揮することが可能となるよう」見直すとしています。これは国立大学について述べたものですが、若干の読み替えをすれば公立、私立大学の場合でも同様に言えるのではないでしょうか。

5. 筑波大学での研修の試み

このような中、平成12（2000）年に私は、当時勤務していた筑波大学大学研究センターで、大学職員の能力開発とくにそのための意欲を刺激するために「大学経営人材養成のための短期集中公開研究会」を始めました。大学事務職員の現状を見るにつけ、彼らの立場の確立を図るためにも、そして何よりもよりよい大学経営をするためにも、彼らの意欲を高め、かつ業務判断・処理能力を飛躍的に高める必要があると思ったからです。今でこそ、大学事務職員の能力開発は、全国的な広がりをもって関心が持たれていますが、当時はそうではありませんでした。その意味では、筑波大学の試みは、いわばパイオニアとしてのそれでした。ちなみに、このセンターは筑波大学といってもその東京キャンパスにあり、交通至便というのが最大のメリットでありました。

2　近年は、国立大学でも「理事」の肩書で大学経営の中枢に関わる人が増えました。しかし、これにはまた別の問題があって、このことは後ほど述べることにいたしましょう。

研究会は、現職の大学事務職員が参加しやすいようにするため、実施はウィークデーの夜間(午後6時30分開始)とし、また大学研究センターの研究活動の一環として位置付けることにより受講料は無料としました。私が筑波大学を離れる2006年までは、年2回、一回につき5日間実施していますので、回数で12回、延べ日数では60日間になりました。受講者数も延べで5千人を超え、一定日数出席した場合に授与する修了証書もついに1,000枚を超えました。この証書がいつの日か役に立つことを願っています。当初30名程度を想定してスタートしましたが、出席者は回を追うごとに増え、最終的には申込者ベースで200名に迫り、実際の出席者も120名を超えるようになりました。

2001年からしばらくメディア教育開発センターの通信衛星利用のSCSシステムを使って、広島大学その他希望する大学と通信回線で結んでの研究会を持ちました。各地からの質問を受けていると、地方でもこの問題への関心の高まりを感じたところですが、法人化に伴い利用料の取扱いが変わってしまったため、その高額負担には耐えられず、2004年度からは東京キャンパスの教室内だけでの研究会に戻ってしまったのは残念です。しかしいずれは、成長著しいインターネット通信がこれに代わるようになることでしょう。

筑波大学の東京キャンパスは、サテライト・キャンパスをちょっとだけ大きくした程度の規模で、最大の教室でも150人しか入りません。もうすぐ限界が来るかも知れないと、うれしい心配をしながらの実践でした。出席者の多くは私立大学職員で、18歳人口減への対処など国公立に比べて大学経営に関する問題意識、危機感というものが大きいようです。しかし最近は、国立大学でも危機意識が芽生えてきたのか、近隣の国立大学から集団で参加するケースが目立ちます。

出席者の話などから判断して、各大学は多くの問題を抱えているようです。教員と職員の関係に加えて、職員間の意識の差異も大きいようです。しかし、全体的には少数とは言え、このような研究会に出席してくれる大学職員がいて、しかもその数が増えつつあることは頼もしいことです。その分、大学職員の新しい働きの場を皆で協力して探し求めなければならないという気持ちも強くならざるを得ません。この延べ60日間にも渡る実践から得られた知見をさらに活かすべく、私は次なる目標を狙って戦略を練っておりましたが、ちょうどその頃、広島大学高等教育研究開発センターへの異動の話しが持ち上がり、宿題を残しつつ、筑波大学を去ることになりました。もっとも、広島大学のこのセンターは、1972年に我が国最初の高等教育研究の拠点として設立された伝統あるもので、組織としても、また11名いる教員それぞれも、高等教育に関する幅広い研究と実践をしている場所ですので、私もセンター長として運営の取りまとめをするとともに、職員に関する研究と実践を継続し、さらに２０１２年度からは、桜美林大学大学院の大学アドミニストレーション研究科に移り、一層の実践に努めていることを、念のため申し上げておきます。

その後、筑波大学大学研究センターでは、「文科省の社会人の学び直しニーズ対応教育推進プログラム」に選定されたことを受けて、２００８年度より「大学マネジメント人材養成プログラム」を開催するようになりました。これは履修証明制度に対応したプログラムであり、ここで得た証明書は、先ほど述べた修了証書よりも遥かに意味のあるものではないかと思います。この大学マネジメント人材養成プログラムは、大学マネジメントセミナー、大学マネジメント講義、大学マネジメントワークショップなど目的に合わせた多様な内容から成っています。私も大学マネジメント講義で、講師陣の一人として毎年協力をしておりますが、受講生の熱心な勉強ぶりを見るにつけ、筑波大学で私が苦労してきたことが、このような形で実を結んでいるのかと思うと、非常に感慨深いものがあります。すでにこの分野では、東京大学や桜美林大学などで大学院プログラムがスタートしておりますが、より柔軟な形で受講生に勉強の機会を提供するユニークな試みとして、この人材養成プログラムは大いに評価できるものと考えております。

以上、皆さんが職場としている大学の中で、大学職員がどのような立場にいるのか、私自身の経験も踏まえつつ述べてまいりました。導入はここまでとし、第二章以下で皆さんが知っておいてもらいたい高等教育システムの諸側面を順次述べていきたいと思います。

第二章　高等教育システムとは何か

1. 教育の諸段階と高等教育の位置づけ

およそ各国における学校教育は、初等教育、中等教育、高等教育の三つの段階に分かれます。このうち、高等教育は初等、中等教育の基礎の上に形作られる教育です。初等教育は、読み書き計算能力や道徳的価値観、健康に生活を送るための知識や実践力など、社会生活の基礎・基本を教えるためであり、中等教育はそれの発展形であるのに対して、高等教育は、社会の指導者や技術者などの専門家を育て、また経済・社会の発展、人々の福利の向上に必要な科学技術研究を行う場として位置づけられているものです。わが国の学校制度に当てはめれば、大学、短期大学、高等専門学校（4、5年次）がこれに当たり、さらに専修学校専門課程（専門学校）をこれに含める場合があります。

よく間違われるのは「高等教育」と「高等学校教育」の違いでしょう。特に戦前の旧制高等学校が高等教育機関として位置づけられていたのが、戦後の改革によって取り扱いが変わった点が紛らわしいのではないかと思います。現在の高等学校は、学校教育法によると「中学校における教育の基礎の上に、心身の発達に応じて、高等普通教育及び専門教育を施すことを目的とする」(50条)と書いてありますが、それにもかかわらず、学問上の分類としては後期中等教育に位置づけられ、大学などで行われる高等教育とは違いますので注意が必要です。もっとも同じ言葉を使うということ自体に問題があるとも考えられますから、将来的には何らかの制度改正の必要があるのではないでしょうか。

高等教育は、社会の発展を引っ張っていく役割を持っています。また、とくにその中で大学は、社会の指導者や研究者、高度な専門職業人など社会の中核となるべき人材を養成し、研究を通じて科学技術の発展に寄与するという役割を負っています。このため、そこでの教育や研究の内容については、人材養成の目的や研究活動の進展を阻害しないように特別の配慮が必要です。わが国では、初等教育および中等教育の教育課程が文科省の学習指導要領によって規制され、教員にも免許が必要であるなどの細かい定めがなされているのに対して、大学については学問分野の専門家から成る大学の特性に配慮して、その活動のごく大枠を法令で決めているだけで、大学の自主性が大幅に尊重されています。日本国憲法は、その23条で学問の自由を保障していますが、これがもっとも尊重されるべき学校は、その性格上大学であると言えるでしょう。また学問の自由は、大学の個々の教員の教授の自由であると同時に、組織としての「大学の自治」につながる概念です。

それがもっとも先鋭に現れる局面が、教員人事です。教員の思想・信条や学問の内容・傾向を理由として、大学当局や政府の不当な干渉がなされるようであれば、自由な学問の発展は望めません。このため、公務員としての大学教員については教育公務員特例法の規定によって、教員人事については教授会、学長については評議会の議を経た後でないと、人事を進めることができないなど、その身分の保証に配慮がなされてきました。私立大学は、この法律の適用外ですが、同様の配慮がそれぞれの大学においてなされてきたはずです。国立大学についても、平成16年の法人化によって教職員は公務員としての身分を離れたので、この教育公務員特例法の適用外になりましたが、しかし各大学の内部規定によってその精神は維持されており、また学長については国立大学法人の申し出に基づいて文部科学大臣が行う（国立大学法人法12条）とされているように、大学というものの特性に配慮した仕組みが作られています。

しかし、いずれの権利もそうですが、その濫用は慎まなければなりません。近年、大学に対しては、その活動と社会との関係が厳しく問われるようになってきており、大学はそれに対して説明をし、社会からの支持を得ておく必要性に迫られています。「アカウンタビリティー」という概念はまさにそのことを表しているのです。これまで大学に対峙する勢力は政府という風に相場が決まっていたところへ、社会あるいは市場というものが新たに出現してきたわけで、大学は学問の自由、大学の自治を守るために、より慎重な経営判断を行わなければなりません。自由な教育研究活動を通じて社会に貢献する、というなかなか難しい経営を大学は迫られているのです。大学経営を支える職員の皆さんにとっても、このことは難しい課題なのではないでしょうか。しかしこの難しい問題を上手に処理する能力が皆さんにも要求されていることを忘れてはなりません。

なお、本書では「大学」と「高等教育」を混ぜて使用していますが、高等教育と言うときは、大学以外の高等教育機関を含めて広い立場でものを言うときに、また大学と言うときは、その中でも大学固有の問題を取り扱いたいときに使っていますので、読者の皆さんはこれを適宜ご判断の上、お読みいただければ幸いです。

2. 高等教育システムの現状

わが国の高等教育は、後ほど第三章で述べるような経緯をたどって大きくなって来ました。

今日、その規模は大学(大学院を含む)が学校数778、学生数288万7千人、教員数(本務者)17万4千人、職員数(本務者)20万3千3人、短期大学が学校数395、学生数15万5千人、教員数1万人、職員数5千人を数えるほど大きなものです(2010年現在)。また、わが国の高等教育は、先進国中では私立学校の占める割合が極めて大きいことが特徴です。たとえば大学について見ると、学校数の77パーセント、学生数の73パーセントは私立が占めています。短期大学になるともっと極端で、それぞれ93パーセント、94パーセントという数字になります。しかしここでは、大規模になった高等教育がどのような姿をしているのかについて、別の観点から見てみましょう。

図表2―1は、大学・短期大学の分野別・課程段階別の在学者割合を千分費で表し、かつ過去5年間の学生数の変化を示しています。つまり1,000人の学生がいるとすると、そのうち何人がどの分野の何という課程に在学しているかを示しています。これを見るとよくお分かりの通り、わが国の大学生の86パーセントは学士課程に在学し、かつ全体の半分近くが文科系の学士課程に所属しています。つまり、私立大学の学士課程の社会科学系というのが最も多いパターンです。もちろん工学系も相当の数を占めていますが、それでも文科系にには及びません。

図表２－１　大学・大学院・短期大学の分野別在学者割合(千分比)および近年の増減(2010 年)

		人文	社会	理学	工学	保健	教育	その他
学部	国公立	18	35	12	51	27	24	27
	私立	113	265	16	83	58	33	99
修士	国公立	*1*	2	4	17	3	*3*	7
	私立	3	4	1	8	2	1	4
博士	国公立	1	1	*2*	4	6	0	4
	私立	1	1	*0*	*1*	2	0	1
専門職学位	国公立	0	2	－	0	0	0	0
	私立	0	5	－	0	0	0	0
短大	国公立	*1*	*1*	－	－	*0*	*0*	*1*
	私立	*5*	*5*	－	*1*	*4*	*15*	*16*

(出典)文科省学校基本調査
(注)塗りつぶしの欄は、過去 5 年間に割合の増加が見られるもの。数値のうち、下線は 10 パーセント以上の増加、イタリックは 10 パーセント以上の減少を示す。

大学院の学生が少ないことも特徴の一つです。近年大学院改革が大きな話題になっておりますが、学生数から見ると非常に少ない部分であることは否めません。修士課程ですら工学分野にややまとまった学生数がいるほかは少数ですし、博士課程の小さいことはまさに目を覆うばかりです。

ではなぜ大学院の規模がこのように小さいのでしょうか。それは、わが国の雇用の実態と深く関係しているからなのです。わが国では公務員や大企業の幹部候補生の採用は、長らく学部卒が基本でした。とくに大企業では「若年時新卒定期採用」という慣行があって、採用時に25歳程度以下であること、大学学部を採用直前に卒業していること、一年に一回(四月)だけ採用すること、などの条件を設定し、これに「指定校制度」と呼ばれる有名大学卒業者を優先する慣行も付け加わっていました。もしこの通りですと、学生にとって大企業への就職のチャンスは一生に一回、それも若いほど有利だとなりますから、大学院出ではなく学部卒でなければならない、と考えるのは当然のことでしょう。近年、学士課程の3年次から「就活」に励む学生が多くなり、大学の授業にも大きな影響を与えていることは、皆さんもご存知のことでしょう。このようなシステムは、わが国の学歴社会の弊害を助長するとして、昭和59年から62年まで続いた臨時教育審議会でも厳しくその是正が求められたものです。

雇用の実態がそうであれば、おのずから、大学院には大企業への就職を期待せず、大学の教員や研究所の研究員など研究者と呼ばれる職業に就きたい学生だけが集まるようになります。しかしそのような就職はそんなに多くありませんから、大学院の規模はいつまで経っても少ないという悪循環に陥ります。

もっとも、図表2―1をご覧いただくと分かるように、大学院でも工学分野の修士課程には相当の学生数があります。これは、わが国の大学院教育の中では数少ない成功例であり、優秀な学生が修士課程に進むことにより、企業もエンジニアとして採用する場合は修士課程修士課程修了者から採用をするという良い循環が起こっていることを意味します。また、社会人の再教育機関としての大学院の持つ役割も、専門職大学院制度の創設とともに近年注目されており、その他大学院重点化政策や定員充足要請などいろいろな理由が重なって、学部在学者数が伸び悩んでいる中で大学院在学者数は、大きな伸びを示しているのです。

3. 諸外国との比較

文部省は、従来から米国、英国、ドイツ、フランスという先進国にソビエト連邦、中国を加えて比較資料「教育指標の国際比較」を作ってきました。最近はこれに韓国が加わっているようですが、いずれにしても世界のすべてをカバーしているわけではありません。たとえばインドやブラジル、メキシコなどの人口大国においてそれ相当の大規模高等教育を持っていることを忘れてはなりません。また、近年は、アジア・太平洋地域、たとえば、タイ、フィリピン、マレーシア、シンガポール、オーストラリア、ニュージーランドなどの情勢も見過ごすことはできません。

また、ヨーロッパ諸国はいわゆる「ボローニャ・プロセス」と呼ばれる高等教育システムの共通化に向けて大きな動きを示していますが、その中でオランダ、スウェーデン、イタリアなどの高等教育にも目を向ける必要があります。また、わが国では専門家以外はほとんど知られていないアフリカ、中近東、南米の高等教育についても、機会があれば知るようにしてください。そのような時、ユネスコやOECDから公表されるデータなどは役立つ資料ではないかと考えています。その意味で、最近の「教育指標の国際比較」がこれらのデータにもとづき、教育費などについて対象国を広げて比較をしているのは望ましい傾向であると考えます。

ただ、日本に大いに関係するのは、やはりこれまで文部省が比較資料を作ってきた上記の国でしょうから、その中で比較をすることには大きな意味があると思います。

それらをグルーピングすると、①アメリカ合衆国、②ヨーロッパ諸国、③アジア諸国ということになり、高等教育は実際その三つのシステムの異なることがいろいろと問題でありますから、その辺を基本にまず理解を深め、続いてもう少し対象国を絞って比較を行うといいでしょう。

数値に基づいた詳しい比較は、ここでは取り扱わず、皆さんの自学自習にお任せしますが、この三つのシステムの大まかな違いについて述べてみましょう。

第一に、高等教育の普及状況です。第三章で触れますが、アメリカの社会学者マーチン・トロウの分類で言えば、進学率が50パーセントを超え、ユニバーサル化しているとされているのが、①のアメリカです。しかし②のヨーロッパ諸国においても、近年高等教育は急速に普及し、OECDなどでもまだ辞書にない「massification」という用語を使って近年の問題状況を説明しているほどです。ちなみに文科省の「教育指標の国際比較」によると、イギリスではフルタイム進学者で62．5パーセント(2007年)、パートタイム進学者を含めると113．1パーセント(同)、フランスでは約40パーセント(2008年)、ドイツでは41．1パーセント(2008年)とのことです。イギリスのパーセンテージが異常に高いようですが、これは日本式に在学者数を該当年齢(若年者)で割るとそういう数値になるということで、成人学生や留学生が多ければこの数値は自動的に上がってしまいます。したがってあくまで目安ということで見ておけばよろしいでしょう。ちなみに、文科省はこれとは別にイギリスの18歳時点での進学率は2007年で25．5パーセントであるという数値も紹介しています。③のアジア地域でも近年進学率の上昇には著しいものがあり、お隣の韓国について言えば、「教育指標の国際比較」では何と102．4パーセントという数字が出ています。もっとも高等教育機関の定義や在学者の年齢が、この計算数値に影響してきますので、注意が必要です。それでも韓国の大学進学率は高いらしく、日本と同じような条件で考えても80パーセント以上は行くのではないかと考えられます。また、同じくお隣の中国は、地域による進学率格差が大きく、先般上海で開かれた中国高等教育学会で聞いた話によると、農村部では依然として数パーセントだが、上海など都市部では50パーセントに及んでいる地域もあるとのことでした。

第二に、高等教育の費用を誰が負担するかです。ご承知の通り、アメリカやアジア諸国では授業料というものがあって学生から何がしかの負担を求めるのが普通ですが、逆にヨーロッパ諸国では授業料は無料というところが多いのです。また、大学の設置形態として私立大学の役割ですが、アメリカでは学生のおよそ四分の一は私立大学に在学しているのに対し、日本はその逆で四分の三が私立ですし、韓国や中国でも私立大学が大きな役割を占めています。それだけではなく、日本、韓国、中国など東アジアでは家計が進んで高等教育経費を負担しようとする「受験文化」(これは私の造語ですが)があるようで、この点で、高負担が求められるが同時に奨学金システムが充実しているアメリカや、国立・公立大学中心で授業料無料のヨーロッパ諸国と大きな違いがあります。もっとも近年、ヨーロッパ諸国でも財政的理由から、域外の学生つまり留学生からはフルコストを徴収しようという動きがあり、さらには留学生増加を資金獲得のためのビジネス・チャンスと考える国まで出現しつつあり、新しい動向には目が離せません。ちなみに、OECD諸国の中で、国内総生産(GDP)中に占める公財政支出の割合は、日本が0.5パーセントと、韓国が0.6パーセントといずれも低いのに対して、アメリカは1.0パーセント、イギリスは0.7パーセント、フランスは1.2パーセント、ドイツは0.9パーセントとなっているところです(2007年データ)。

第三に、高等教育機関でどの分野の人材を養成しているかです。「教育指標の国際比較」を見ますと、日本や韓国では学部段階も大学院段階も、理工系が占める割合が相対的に大きいのに対して、アメリカやヨーロッパ諸国ではその割合が低いようです。なお、学部学生に対する大学院学生の比率を見ますと、日本が10.6パーセント(2010年)と低いのに対して、アメリカが16.9パーセント(2007年)、イギリスが38.4パーセント(2007年)、フランスが71.4パーセント(2008年)でいずれも高く、またお隣の韓国でも14.3パーセント(2009年)とわが国よりも高くなっていて、それぞれの国の高等教育の構造の違いが浮き彫りになっています。

そのほか、国際比較にはさまざまな観点があると思いますので、職員の皆さんは各種の資料をご覧になりながら、それぞれ関心ある部分について比較をしてみてください。

4. 教育・研究・社会サービス(大学の機能)

大学の機能は、教育、研究そして社会サービスであるとよく言われます。とくに前半の機能、つまり教育と研究は大学の基幹的機能とみなされてきました。ちなみに学校教育法はその83条において「大学は、学術の中心として、広く知識を授けるとともに、深く専門の学芸を教授研究し、知的、道徳的及び応用的能力を展開させることを目的とする。」とし、また短期大学についてはこの目的に代えて「深く専門の学芸を教授研究し、職業又は実際生活に必要な能力を育成することを主な目的とすることができる。」(108条)としているのです。

大学の機能は、もともとは過去から蓄積されてきた知的資産の将来への伝承つまりは教育がそのもっとも基本的機能でありました。これは中世以来の大学の歴史を眺めてみてもそうですし、また大学ではないが高等教育機関相当のシステムを持っていた古代からの諸国においてもそうです。大学に、科学的観点からの研究機能が加わったのは、おおむね19世紀以降の新機軸だといわれていますが、20世紀後半に至って、大学には第三の機能すなわち社会貢献(サービス)機能が必要であると言われるようになりました。その理由はさまざまですが、一つには、大衆化することにより、多くの人々が関わる教育機関になってきて、その活動や存在理由について、社会に説明し理解をしてもらう必要性が出てきたことと関係があります。また、大学には多額の公費が投入されることが常であるため、またこれに加えて授業料等の経費を学生からも徴収するとなると、その費用に対する効果はどのようなものかについて、これまた学生などの利用者、そして税金を負担する国民に対して説明をする義務が生じてきます。

さらに重要なことは、近年、科学技術が一国の産業・経済の発展に必要不可欠の要素であるという認識が高まり、その科学技術振興と大学の研究機能とが結びつきを強めていることが挙げられるでしょう。大学で研究し開発された知識は、その開発した大学の、さらには社会全体の知的資産とみなされるようになり、これが社会における経済活動と結びつくようになってきています。皆さんの大学でも知財管理、産官学の連携協力などは重要な事務分野になってきているのではないでしょうか。

もちろん科学技術の分野だけが大学の社会貢献の場ではありません。人文・社会科学系を含めて大学には多数の専門家がいて、大学はいわば知的宝庫とでも言える組織です。その知的宝庫の一端を社会の人々に開放すること、例えば公開講座や地域連携、地元自治体や企業へのコンサルティング、審議会等への参加、著作を通じての知識の公表なども、広い意味での社会貢献に当たることでしょう。

いずれにしても、大学は一般社会から隔絶した象牙の塔としての存在ではもはや許されません。中教審の昭和38年答申でもすでに認識されているところですが、大学は社会によって支えられる一つの制度である、そしてそのことから大学は社会との結びつきをより強めなければならないということを理解してください。

5. 大学の管理・運営・経営

大学の組織は、企業などの組織とは異なる側面が多く、その管理・運営および経営にはその特性を生かした工夫が必要であるとされてきました。もともと大学という組織は、中世ヨーロッパにおける教師や学生の同業組合から発展したと言われているように、この組織には、分野を異にするとはいえ、専門家である教授たちの結びつきによって構成されるという側面があります。専門家を動かす、あるいは専門家が動くには、単に従業員を雇用し、経営者が指図してその組織を経営するというような企業モデルでは済まない側面があるのです。その意味で大学の管理・運営・経営には、今なお細心の注意が必要なのです。

以下、わが国の大学の管理・運営を特徴づける四点の事柄について話を進めてみましょう。

(1) 設置者管理・負担原則

わが国の大学は、誰でも自由につくることはできません。決められたルールと手続きに沿って大学は作られることになっています。そのことを法律は以下のように言っています。

まず、学校を作ることは「設置者」のみに許された行為です。「学校の設置者は、その設置する学校を管理し、法令に特別の定のある場合を除いては、その学校の経費を負担する」(学校教育法5条)として、わが国では、「大学は設置者によって設置される」という法的構成をとっているのです。この辺のところは、欧米の大学にはない発想らしく、国際会議などではいつも説明に苦労するところですが、それを言っても始まりませんので議論を進めます。

その設置者について、法律はこれを国(国立大学法人を含む)、地方公共団体、学校法人に限定しています。それぞれ国立学校、公立学校、私立学校に対応した設置者です。設置者が大学を作ろうとするとき、文部科学大臣が定める設置基準に則ることは当然ですが、その上で、公立大学や私立大学の設置に当たっては、設置者は文部科学大臣の認可を受ける必要があります。そして認可を受けて設置された大学および国立大学について、それぞれ設置者は管理の責任、経費負担の義務を負うのです。もっとも経費負担は、全額を公費あるいは学校法人が負担しなければならないのではなく、授業料の徴収は認められています(学校教育法6条)。

いずれにしても、この設置者管理・負担というのは大学の管理運営の最も基本的な原理原則でありますから、皆さんもぜひ覚えておかれるとよろしいでしょう。

(2) 学長・学部長のリーダーシップ

大学にも設置者管理・負担の原則が適用されるとしても、その設置された大学を具体的に管理・運営し、その責めを負うのは学長です。アメリカのように理事会の経営権限の強いシステムでも、具体的な経営の権限は学長にゆだねられています。ちなみにアメリカでは学長のことを「最高執行責任者」(Chief Executive Officer: CEO)と呼ぶことがありますが、理事会と学長との関係をよく表している言葉だと思います。

わが国の法制では「学長は、校務をつかさどり、所属職員を統督する」、「学部長は、学部に関する校務をつかさどる」(学校教育法92条)とあり、学長が当該大学の管理運営の最高責任者であること、また学部長には当該学部の管理・運営の責任があることは明らかです。ちなみに、「教授は、専攻分野について、教育上、研究上又は実務上の特に優れた知識、能力及び実績を有する者であって、学生を教授し、その研究を指導し、又は研究に従事する」(同条)とあって、管理・運営事務については何も言っていません。

このように法律によって大きな権限と責任を与えられた学長や学部長ですが、そのリーダーシップを強めることが最近の大学審議会、中央教育審議会の答申でしばしば触れられているように、従来からこの点には問題がありました。一つには、次に述べる教授会や各種の教員会議の存在があって、学長に大きな裁量の余地がなかったことがあり、二つには、特に国立大学については、国の細かい会計基準、服務基準などに制約されてこれまた学長の自由な判断が困難であったことがあります。さらに、大学を構成する教授ら教員には平等意識が強く、これは専門家集団の特性でもありますが、組織体としての大学の存在を軽く見る風潮があって、学長や学部長が管理者であるという認識が希薄であったこともあげられるでしょう。

私は、あるとき定年退官をした名誉教授と話をしたことがありますが、その教授は退官後、ある公益機関の職員として再就職して初めて「上司の存在」というものを意識したとのことでした。

(3) 重要事項の審議機関としての教授会

「大学には、重要な事項を審議するため、教授会を置かなければならない」(学校教育法93条)というシンプルな規定が教授会を大学に置く根拠になっています。法律が言うように、教授会は、「重要な事項」を「審議」するための機関なのですが、実際にはこの教授会こそ大学の管理・運営のための最高意思決定機関であると認識している大学教員がたくさんいます。そのため、教務の重要事項はもとより、日常事務に属すると思われるような瑣末なことまで含めて、実に多種多様なことがらが教授会にかけられ、そして「教授会決定」として学内に周知されるのが通例になっていました。また、国公立大学の教員人事における教授会の力は、法人化前は教育公務員特例法によって保障されていて、このことが教授会万能の考えを多くの教員が持つ大きな要因となっていたような気がします。

このように実際には強い権限を持つ教授会ですが、それが破綻し始めたのが、昭和40年代にわが国を吹き荒れた大学紛争の嵐の中でした。迅速的確な判断が求められる時にもかかわらず容易に結論を出すことができず、その迷走ぶりは学生や職員にも深い失望を与えていたことを思い出します。その後の大学改革論議の中で、大学行政担当者に深く組み込まれた遺伝子は、いかにして学長のリーダーシップを強めるか、そのためにはいかにして教授会の権限を限定的に抑えるか、でありました。

時代の変遷とともに、しかし、教授会の権限は次第に限定的なものとして理解されるようになり、法人化直前の国立大学においては、規則上は少なくとも審議事項は、教務的な観点からの重要事項と教育公務員特例法で教授会の権限に属するものと定められていることがら、に限定される傾向がありました。そのことを決定的にしたのが、国立大学の法人化でした。

法人化後の国立大学においては、中期目標等のうち経営に関するものや予算の作成執行、決算など経営に関する重要事項を審議する「経営協議会」と、中期目標、中期計画に関する事項や教員人事、教育課程の編成など教育研究に関する重要事項を審議する「教育研究評議会」を車の両輪ともいうべき審議機関に置き、実際の大学経営および管理・運営は、理事に助けられた学長が行うことになっています。

国立大学法人の長である学長は、重要事項については理事とともに構成する役員会の議を経なければならないという制約はありますが、これとて議を経ればよいのであって、結論は学長の判断にゆだねられるものと解釈されておりますので、実際には学長に大変大きな権限と責任が集中していることになります。学長がこの強大な権限をどのように行使していくか、

図表２－２　バートン・クラークの三角モデル

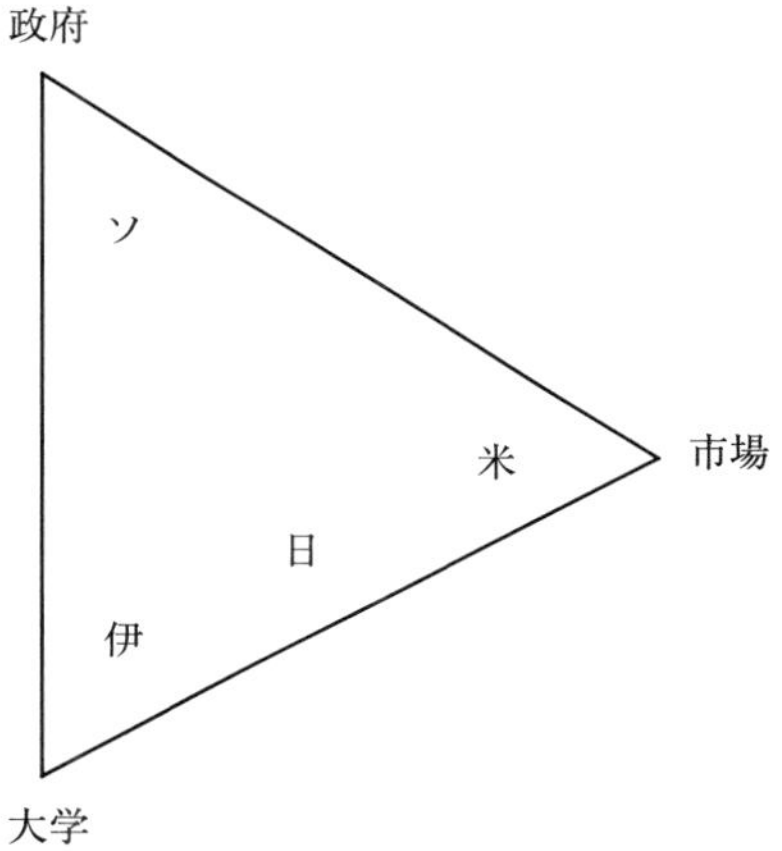

(出典)バートン・クラーク「高等教育システム」から山本による修正

今後の大学運営が注目されるところです。

(４)　専門家集団の管理運営システム

アメリカ・カリフォルニア大学の社会学者であったバートン・クラークはその著「高等教育システム」の中で、一国の高等教育システムを決める重要な要素として、政府、大学(教授会)、社会(市場)の三つを上げ、それが構成する三角形の中のどこに位置するかによってその国の高等教育システムが性格づけられると論じました。有名な三角形モデルです。

このモデルにおいて、もっとも政府の影響力が強いとされているのは、旧ソ連のシステム、もっとも大学(教授会)の力が強いとされているのがイタリア、そしてもっとも市場の影響力が強いとされているのがアメリカのシステムです。バートン・クラークは日本については、アメリカとイタリアの中間地点にそのポジションを置いていますが、皆さん方はどのように思われますか？

このことは、大学を動かす原理である以下の三つの考え方との関連があるようです。

第一の考えは「同僚モデル」と呼ばれ、大学は分野の専門家である教授が一番大学のことを良く知っているので、彼らの自治に任せるのが一番良いというものです。確かに、専門家のことは専門家しか分からない、また専門家は専門家同士での指令や助言でないと動かないと言われることは、別に大学だけではなく、医者の世界、技術者の世界などでも共通するものがあります。とくに大学は同業組合として中世ヨーロッパで発達してきたという歴史的経緯もありますから、今日の社会においても、教員を専門家集団として遇する算段をしませんと、大学は社会が期待しているようには動かないという心配があります。

第二の考えは「官僚モデル」です。これは大学を国家が定めた制度に則って作る以上、その管理・運営は学長など権限ある管理者が行い、その管理者の判断に従って所属職員が動くのは当然だという考えです。確かにこのように制度にそって人が動いてくれれば学長は楽でしょうし、また制度を決めるのは選挙による国民の代表者が集まった国会でしょうから民主社会のルールにも則っているのです。しかし、このモデルでは教授は職員あるいは従業員としての立場におかれるでしょうから、専門家としての尊厳と裁量の余地を残しておかないと、やがて行き詰ることが心配されます。

第三の考えは「企業モデル」です。これが官僚モデルと違うところは、顧客である学生や企業のニーズを考えつつ経営を行うということです。その点で、市場メカニズムに沿った効率的経営が期待できるところですが、官僚モデルと同様、教授の立場は職員あるいは従業員としての立場に変わりはありません。専門家集団の内部論理と市場原理との葛藤が心配されますが、今のところこの企業モデルによる大学経営が将来さらに強まることが予想されるところです。

以上に紹介した三つのモデルは、いずれも極端なケースであって、現実の大学経営はこれらの要素の組み合わせです。それぞれの要素をどの程度組み合わせることが、大学の経営にとって最適かは、時代の変化や当該大学の個別事情によるところが大きいと思われます。

第三章　大学の歴史として知っておくべきこと

1. 大学の成り立ち

大学の成り立ちは12世紀の中世ヨーロッパにあると言われています。具体的には、イタリアのボローニャ大学とフランスのパリ大学です。もちろん、高等教育に相当する機能は、いつの時代にもあったことでしょう。たとえば古代エジプトにおいても、また欧米諸国においてその文化の源泉とされているギリシャ・ローマの時代にも、高度な知識体系があり、それを研究したり教えたりすることは当然あったはずです。それがなければ、今日古典とされているさまざまな文芸や科学の書物が伝わるはずがありません。また社会に必要な人材を何らかの形で養成していたに違いありません。さらに、わが国にも高等教育の伝統はあったはずです。たとえば、大学という名前の元になったのは、古代律令制の下で最高の学校であり、貴族官僚の養成機関として位置づけられていた「大学寮」でした。また時代が下って江戸時代には、昌平坂学問所という幕府直轄の学問所があり、また開成所や医学所という洋学教育のための機関も作られ、さらに幕末には各地に洋学塾や漢学塾が出現しましたが、これらは高等教育機関であったと考えることができます。緒方洪庵の適塾や福沢諭吉の慶応義塾を思い出してください。現にわが国で最初の近代「大学」である東京大学は、明治10（1877）年、幕府時代からの洋学教育を引き継いで作られたものです。

しかし、我々が大学の起源をパリやボローニャに求めるのはなぜでしょうか。それはその時代に作られた大学は、ウニベルシタス（universitas）と呼ばれ、学問のための同業組合（ギルド）としての発展を遂げたからです。このウニベルシタスというのは今日、英語ではユニバーシティーと呼ばれる組織につながっています。ちなみに、ユニバーシティーとウニベルシタスを結びつけるために、近い語義を探すとすれば、それは今日ユニオンと呼ばれるものであり、我々がついつい想像しがちなユニバーサル（普遍）という言葉とは異なるものです。つまりこの同業組合はユニバーサルなものではなく、あくまでも同業者の利益保護のための集まりであり、その意味では閉鎖的な集団として認識されていたのです。大学は世間と隔絶していると批判されることが多いのですが、もともと大学というのは他者に閉鎖的であることを旨として発達したのですから、ある意味ではその批判は無理なことなのかも知れませんね。

さてその大学は、ヨーロッパでは中世から近世にかけての数百年を生き延びてきました。その歴史は、小学校や中学校など初等中等教育機関よりも古いのです。オックスフォード、ケンブリッジ、ルーヴァン、ローマ、プラハ、リスボンなどを含め、15世末までには80ほどの大学が成立しています。そこでは、神学をトップに、法学部や医学部、哲学部が置かれ、過去から蓄積されてきた知的遺産を伝承することを主目的としつつ、聖職者、法曹、医師、さらには官僚養成に大きな役割を果たすようになりました。なお、近代国家の形成が盛んになるにつれて、それまでのように教会(時には君主)によって庇護された同業組合ではなく、国家の威信をかけて維持運営される施設としての意味合いが強くなってきました。しかしながら、学問研究の面では、当初の清新さを次第に失うようになったと言われています。

ヨーロッパにおける大学の長い歴史に画期的な出来事は、1810年のベルリン大学の創設でした。ベルリン大学は、当時のプロイセンにおいて哲学者フィヒテや政治家フンボルトらの提唱のもとに、学問研究による国威発揚の意味も込めて設立された近代大学です。従来、他学部の下位に位置づけられていた哲学部を中心に据え、研究と教育との統一という新しい理念に立脚した大学で、その考えは今日なお多くの大学人に共有されているものです。「フンボルト理念」という言葉を聞かれた方もあると思いますが、この研究を重視する考えは、その後の大学発展に大きな影響を及ぼしています。例えば、今日理学部系の学部・大学院で行われているような基礎研究は、18世紀までは主として大学の外において行われていたようですし、古典の学識の上にではなく、近代の科学と学問の上に樹立される高等教育は、まさに

19世紀の新機軸であったわけです[1]。ちなみに、このベルリン大学は、第二次世界大戦後、当時の東ベルリンにあってフンボルト大学と改称され今日に至っています。

しかし、ヨーロッパの近代大学においても実現し得なかったことがあります。それは工学や農学などの実学系の学問を大学に入れるかどうかということです。日本人にはなかなか理解しがたいことですが、ヨーロッパではギリシャ・ローマ時代からの歴史的経緯もあって、科学と技術を厳密に区分けする習慣があります。その場合、前者の方が高尚という考えで、したがって技術に属すると思われていた学問は大学には入ることができませんでした。今日でも、工学や農学を大学とは別体系の学校にしたり、あるいは大学と称していても別個の大学体系を持っていたりする国があります。たとえばイギリスにおいても、ついこの間までは、大学(ユニバーシティー)とは別に工科大学(ポリテクニク)があり、ドイツにおいても同様です。これらの分野の学問を大学に導入するには、アメリカにおける大学の成長を待たなければなりませんでした。

2. アメリカにおける大学・大学院の発展

アメリカにおける大学の歴史は、植民地時代にまでさかのぼることができますが、その時代に作られた大学、たとえば1636年創設のハーバード・カレッジは宗主国イギリスに範を求めた大学であり、その他の大学を含めていずれも宗派性が強く、聖職者や教育者の養成と市民の教養教育のための機関でした。しかし、19世紀に入り、アメリカにも産業革命の波が押し寄せるようになって、大学に対する期待が大きく変わってきました。すなわち地元の産業に貢献する技術開発や技術者養成です。1862年のモリル法の成立は、公立の農業大学の設立のため、連邦政府がその土地を各州に提供することを定めたものですが、アメリカの大学の役割に特色を与えることになった大きな出来事です。この法律によって、多くの州で新しい大学が作られ「土地交付大学」(Land Grant College)と呼ばれておりました。これらの多

1　学問研究と大学との関係の歴史的考察は、ベン＝デビッドの著作「学問の府」(天城勲訳サイマル出版、1977)に詳しいので、ぜひ参照してください。

くは州立大学としての成長を遂げ、たとえばテキサス州にある州立テキサスA&M大学などは全米屈指の研究大学になっています。この「A&M」というのは、農業と機械工学の頭文字であり、実学が重視されていることの証拠と言えるでしょう。

19世紀のアメリカ高等教育において、もう一つの画期は「大学院」の発明です。当時、アメリカの青年にとって憧れの高等教育の機会は、最先進国であるドイツへの留学でした。そのドイツでは前述のように、教育と研究の統一という新理念の下に、進んだ科学研究が大学において行われていたのです。これに刺激を受け、またアメリカの大学教育の現状に飽き足らない帰国研究者の声を反映し、改革が行われた結果が大学院というシステムの創設でした。大学院は、既存の学部教育を研究中心に作り変えるのではなく、学部教育修了者を対象に、学術研究訓練や高度専門職業教育を施す新たな教育研究システムとして作られたのです。いわば、既存のシステムに新たなシステムを付け加えるという形で設計されたのです。メリーランド州ボルチモアに1867年に作られたジョンズ・ホプキンズ大学は、アメリカに最初に作られた大学院大学でしたが、以後他大学にも普及し、学部教育の上に大学院教育を付け加えたこのシステムが20世紀アメリカ型大学として世界の高等教育界を席巻していくことになります。ちなみに、ヨーロッパ諸国ではイギリスを別として、今日でも大学院というシステムがありません。しかし組織的・体系的な研究訓練が研究者・技術者の養成や科学技術研究の振興に不可欠であるという認識が急速に高まりつつあり、したがって、ヨーロッパ諸国でもアメリカ型「大学院」システムの導入が検討課題になっているようです。

20世紀に入り、二度の世界大戦を経て、アメリカの覇権が明らかになってきましたが、同時にアメリカが持つ高等教育システムが世界的な成功モデルとして注目されるようになりました。その特色は大きく次の二つにまとめることができます。

第一に、高等教育が普及し大衆化する中で、多様な学生を受け入れることが求められており、それを受け入れる高等教育機関の多様化が進んでいることです。アメリカの社会学者で高等教育を研究していたカリフォルニア大学教授(当時)のマーチン・トロウは、すでに1970年代に、世界の高等教育システムはその普及に伴い、少数者を対象とした「エリート型」システムから、大衆化に対応した「マス型」へ、さらには万人のための高等教育としての「ユニバーサル型」へと変化を遂げるとした高等教育の発展段階説を唱えています。それは単に高等教育が量的に普及するだけではなく、システムの性格自体が変化をすると主張し、ここがこの説の新しくかつ重要なポイントなのです。彼は、その変化の目安として、「エリート型」から「マス型」へは進学率15パーセント、「マス型」から「ユニバーサル型」へは進学率

50パーセントが変わり目であると言いました。当時のヨーロッパ諸国、日本、アメリカがそれぞれの型の代表例ということになります。

折から、アメリカでは高等教育の普及が進み、たとえばカリフォルニア州ではこれに対応するため、1959年に15年間のマスタープランが策定されました。つまり州立のさまざまな高等教育機関の使命・役割を明確に分類し、これに沿ってキャンパス配置や大学院教育の提供方法、入学要件の設定、計画的整備などが行われるようになりました。それによると、最上位に位置するのは、カリフォルニア大学(University of California)システムであり、州の中心的研究機関として、博士課程まで持つ大学院教育および学部教育を提供し、入学者は高校卒業者のうち成績が上位8分の1以内の者と設定されています。次に位置するのはカリフォルニア州立大学(California State University)システムであり、これは実践的分野および教員養成を対象として、大学院修士課程および学部教育を提供し、入学者は高校卒業者のうち成績が上位3分の1以内の者と設定されています。さらにその下にカリフォルニア・コミュニティカレッジ(California Community College)で、職業教育や補習教育など実際的な教育を行い、入学要件は設けないこととしています。

わが国は後述するように1960年代から、そしてヨーロッパ諸国においては近年、高等教育の大衆化が著しく進み、その中で一律平等意識の強い大学間に役割分担を求めることはきわめて難しい問題なのですが、アメリカにおいてはこのようにして、役割分担が進んでいるところに大きな特色があるのです。ちなみに、コミュニティー・カレッジというのもアメリカに特有の高等教育機関で、今日全米に広く見られるものです。日本ではこれを公立短大などと訳すことが多いのですが、それでは意味を尽くせないほど、多くの役割を担っています。私は1972年に文部省に入って最初大学課という所で仕事をしていたのですが、アメリカから一人の研究者がやってきて、日本の短期大学とコミュニティー・カレッジの比較をしたいからと説明を求められました。たどたどしい英語を使いながら、汗をかきつつ日本の制度について話をしたことを思い出します。

第二に、大学における学術および科学技術研究の振興のため、大学院や研究体制を支える豊富な資金が、連邦政府から競争的資金の形で州立、私立を問わず出されていることです。歴史的には、大学と政府との関係は当初は希薄であったのですが、19世紀後半の土地交付大学への州政府の資金供与に始まり徐々にその関係は濃密になっていきました。しかし、連邦政府による大学への関与については、合衆国憲法が教育を州権にゆだねていることもあって、第二次世界大戦頃までは依然として希薄でした。それが決定的に変わるようになったのは、第二次世界大戦中の兵器開発研究に巨額の連邦資金が投入され、それに大学の研究者が多数動員されて官学の研究複合体制が構築されて以来のことです。マンハッタン計画と呼ばれる原爆開発プロジェクトの存在は、皆さんもご存知のことと思います。

兵器開発研究において大学の研究者を動員することは、戦争がもたらす常としてわが国でも存在しておりましたが、わが国ではそれが敗戦による負の経験として戦後長らく忌み嫌われてきました。しかし、アメリカでは逆にこれが戦勝による成功体験となり、その巨額の連邦政府資金を何とか大学につなぎとめたいと考える科学者が出てきたのです。その努力が実って、1950年に連邦科学財団(National Science Foundation)と呼ばれる連邦政府機関ができ、大学に対して基礎科学の分野の研究費を支出するようになりました。また、NSFだけではなく、他の連邦政府機関も大学に基礎研究費を支出するようになりました。たとえば国防総省(DOD)、エネルギー省(DOE)、航空宇宙局(NASA)、国立衛生学研究所(NIH)などは、大学に研究費を出す常連の連邦政府機関です。さらに、間もなく激化した東西冷戦構造やソ連との宇宙開発競争などの外的要因もあって、科学技術研究人材の養成にも力が注がれることになり、科学分野の大学院学生、ポストドクター研究者に対するフェローシップなど、彼らに対する各種経済支援も大きくなりました。今日、アメリカの大学においては、年間50万人の修士、5万人の博士、そして8万人のプロフェッショナル学位を授与していますが、これは世界のどの国よりも大きな規模です。そしてその規模を支えているのが、連邦政府の研究開発資金なのです。

3. わが国における近代大学の創設と高等教育の発展

わが国における最初の近代大学は、明治10(1877)年創設の東京大学であることは前に述べました。この東京大学はほどなく明治19(1886)年に、わが国唯一の「帝国大学」として再編されます。この帝国大学の目的や組織編制等を定めた帝国大学令によりますと、その第一条に「帝国大学ハ国家の須要(しゅよう)ニ応スル学術技芸ヲ教授シ及其蘊奥(うんのう)ヲ攻究スルヲ以ツテ目的トス」とあり、きわめて国家主義的色彩の強い目的意識が書かれています。もっとも欧米列強に伍して近代化を進めるには、このような強い目的意識が当時は必要とされたのでありましょう。また、組織編制について第二条には「帝国大学ハ大学院及分科大学ヲ以ツテ構成ス大学院ハ学術技芸ノ蘊奥ヲ攻究シ分科大学ハ学術技芸ノ理論及応用ヲ教授スル所トス」とあり、当初から大学院が置かれておりました。これはアメリカに遅れることわずかに20年であり、当時の設計者がこのアメリカ生まれの大学院というものに寄せる期待の大きかったことが窺われます。但し、その運用は研究者養成のための徒弟訓練であり、アメリカ式の課程教育というにはほど遠いものでしたが。

また当時、帝国大学には学部ではなく、より独立性の強い分科大学が置かれておりました。夏目漱石の小説に出てくる帝大は、この分科大学時代の帝大なのです。分科大学としては当初、法・医・工・文・理の五つがこの順番で置かれていたのですが、その後、農科大学を東京農林学校との合併によって加え、大正7年の大学令で学部制度になってから経済学部が新設されました。第二次世界大戦後、さらに教養学部、教育学部、薬学部が作られ、これに多数の附置研究所を加えて、今日わが国を代表する総合大学になっています。東京大学を始めとする旧制帝国大学は、学部の自治が極めて強いことで知られていますが、その理由はもともと国家機関として高い地位が与えられていたことに加えて、このような分科大学制度により発足したこと、つまりアメリカ合衆国が独立性の強い州の連合体であるのと同様、帝国大学もそのようなものであったからではないかと考えております。帝国大学は、その後京都（1897年）、東北（1907年）、九州（1910年）、北海道（1918年）、大阪（1931年）、名古屋(1939年)に拡大し、以上の7つの大学は現在も「旧帝大」と呼ばれ、何かにつけ特別な目で見られていることは皆さんもご承知の通りです。

明治政府は、明治5(1972)年に学制を公布して、壮大な学校設置計画を立てました。その戦略は、全国津々浦々に小学校を建てて国民の基礎的学力の養成を図るとともに、欧米の最新の研究成果を取り入れわが国の近代化のための基幹人材を育てるための高等教育機関の整備にも力を注ぐことでした。また、両者をつなぐさまざまな種類の中等教育機関を設けました。帝国大学はその高等教育システムの中での最高峰の位置づけが与えられたのですが、それとともに、高等学校、専門学校、高等師範学校(中学校教員の養成機関)という別種の高等教育制度を設けて、国家的見地からの人材養成を行うとともに、国民の間で徐々に大きくなりつつあった立身出世意欲を満たそうとしたのでした。今日存在する主要私立大学の前身学校は明治期に作られたものが多いのですが、たとえば早稲田にしても慶応義塾にしても、法制上は大学という位置づけは与えられず、専門学校制度の中で高等教育を提供していました。ちなみに明治36(1903)年公布の専門学校令によると、「高等ノ学術技芸ヲ教授スル学校ハ専門学校トス」(第一条)、「私人ハ専門学校ヲ設置スルコトヲ得」(第三条)、「公立又ハ私立ノ専門学校ノ設置廃止ハ文部大臣ノ認可ヲ受クヘシ」(第四条)とあり、官立(国立)の専門学校のほか、私立、公立の専門学校の設置を認める内容になっています。

戦前の高等教育は国民の数パーセントが受けられるに過ぎないきわめて限定的でエリート色の強いものでしたが、それでも徐々に普及してきたため、政府は大正7(1918)年、大学令を公布して公私立大学の設立を認め、それとともに帝国大学以外の官立(国立)大学の設置も始めました。たとえば一橋大学の前身校である東京高等商業学校は、1920年に東京商科大学になり、東京工業大学の前身校の東京高等工業学校は、1929年に現在と同じ名前の大学になりました。また早稲田、慶応義塾、同志社、中央、明治などの私立学校が大学になったのもこの時期です。このため、大学の数は次第に増加していきましたが、その増加の様子は図表3―1の通りです。

図表3―1でも分かるように、大正期から昭和初期にかけ大学数は急増し、それに伴い大学生の数も増えてきました。同時に戦後の教育問題で最大の問題としての受験競争なども早くも戦前期に問題化してきているのは、興味あるところです。もっとも戦前の大学受験は、大学の入り口ではなく、その大学に入るための準備段階である旧制高等学校のとこ

図表3－1　大学(旧制)数の推移

1890年	1
1900	2
1910	3
1920	16
1930	46
1940	47

(出典)文部省「学制百年史」

ろにあり、高等学校を卒業すれば大学に入るのは比較的容易であったことは、今日の状況とは異なるところです。また、戦前期の高等教育は、大学よりも教育機会の多かった専門学校および国家的人材養成機関としての高等師範学校など多様であったことも戦後に比べての特色と言えるでしょう。なお、第二次世界大戦中の昭和18（１９４３）年、師範教育令が改正され、それまで中等教育機関扱いであった師範学校（小学校教員の養成が目的）が専門学校同等レベルに引き上げられ、同時に全部が国立に移管したことも特記しておかなければなりません。

4．戦後新制大学の設立と課題

わが国は、１９４５年の敗戦の後、政治・経済・社会などあらゆる分野で根本的な改革を経験しました。高等教育についても例外ではありません。またこの時期の改革は連合軍総司令部（ＧＨＱ）の強力な指導を抜きに考えることはできません。しかしこのことが、わが国の主権回復（１９５２年）の後、さまざまな見直しの中で問題の火種になっていることも、また見逃すことができないのです。

昭和21（1946）年の日本国憲法の公布、昭和22年の学校教育法の公布などを通じて、戦後教育の仕組みの基本が作られました。教育の目的・内容や実施体制に抜本的な改革のメスが入れられたことは言うまでもないことですが、そのほか、制度面で言えば学校教育システムの「単線化」が実行されたことは戦前との大きな違いです。戦前は、小学校（昭和16年からは国民学校）を卒業すると、高等教育機関につながる中学校や高等女学校のほか、各種の実業学校等があり、年齢が比較的若い段階で進路が決まってしまうようなシステムがとられていました。もっとも、ヨーロッパ諸国では最近に至るまでそのようになっていましたから、これは日本だけの問題ではありません。このような学校教育システムを複線型と言いますが、戦後教育改革によって、6年間の小学校教育の上に3年間の中学校教育があり、さらに能力に応じて3年間の高等学校教育、そしてその上に4年間の大学教育があるというふうにして、すべての国民に大きな教育機会が開かれるようになったのです。いわゆる六・三・三制ないし六・三・三・四制度は、戦後日本の民主化に大きな影響力を及ぼしたと言えるでしょう。ただその代わり、戦前にも増して受験競争が厳しくなり、戦後昭和年代を通じる教育の大問題となったことは事実ですが。

高等教育機関は、すべて大学という形で制度化が図られました。このため戦前の大学だけではなく、高等学校、専門学校、高等師範学校、それに数年前に高等教育機関扱いになったばかりの師範学校もすべて大学昇格を目指しての努力が行われたのです。その結果、戦前とは比較にならないほど多数の大学が出現しました。手元の文部科学統計要覧という文部科学省作成の統計集を見ますと、学校教育法の高等教育部分が施行された昭和24（1949）年には、大学数は早くも178を数え、10年後の昭和34年には239に増えています。また、大学昇格の準備が整わない学校も「当分の間」ということで暫定的に短期大学制度に乗ることができましたが、その数は昭和25年の149に始まり、昭和34年には272と大学数を上回るようになりました。

ただし、国立大学については重要な政策方針が出され、その数が制限されました。それが「一県一国立大学の原則」です。東京、大阪、京都など大都市部を含む都道府県には例外がありますが、多くの県では県内にあった戦前の国立の高等教育機関を無理やり統合するような形で一つの国立大学が作られたのです。そのため、歴史や伝統の異なる学校が同じ国立大学の各学部として同居するとともに、たこ足大学と揶揄されるように、キャンパスは戦前と同じく県内に散在するという形になったのです。以来、多くの国立大学ではキャンパスの「統合移転」という問題に悩まされることになります。また、統合できなかった大学では複数のキャンパスを持つことによる大学経営の不効率という問題に直面することになるのです。

戦後の高等教育システムの中で、私立大学に対する文部大臣の監督権限が大幅に縮小されたことも忘れることはできません。戦前の私立大学は、私立学校令や大学令に基づき、学校の設置廃止の認可はもちろんのこと、学則の認可、教員採用の認可、報告聴取、検閲、監督上必要な命令など細部にわたるまでさまざまな監督を文部大臣から受けていました。しかし、昭和22年制定の学校教育法によると、それらの監督の多くは著しく緩和されました。また、さらに私立学校法の規定により、学校教育法が規定する文部大臣の監督権限のうち、法令違反等の場合の設備授業等の変更命令（学校教育法旧14条）は私立学校に適用しないようにするなど、さらに徹底したものになりました。その結果、「私立大学は、一度、大学・学部・大学院の設置認可を受ければ、（中略）閉鎖命令、解散命令の対象となるようなよほどの大不祥事を起こさないかぎり、その運営について、文部省の干渉は一切受けないことが法的に保障されたことになる」[2]とまで言われるようになりました。これは、私立学校に対する国の財政支援の問題と、憲法89条の「公の支配」に属しない教育事業に公金を支出することができないという規定とを巡る関係者の論争とも関係のあるもので、中々根の深いものです。結局、私学関係者は「ノーコントロール・ノーサポート」という選択をしたものと思いますが、これが１９７０年代半ばに始まる私学助成の本格化、そして90年代に始まる現在の大学改革の進行の中で徐々に変化を遂げてきていることに注目する必要があります。とりわけ、２００２年の学校教育法一部改正によって、文部科学大臣が私学を含め大学に対して、法令違反に対する改善勧告や是正命令を出すことができるようになったことには、私学経営に対する警鐘として、注意を払っておく必要があるでしょう。

なお、そのほか戦後大学改革の中で導入された　課程制大学院と一般教育のことがありますが、これらは第四章で取り上げることにしたいと思います。

5．大衆化以後の大学政策

わが国の大学教育は、昭和30年代半ばからの高度経済成長に合わせるように急速に拡大を

2　大崎　仁「大学改革　１９４５〜１９９９」有斐閣、１９９９年、１７４頁。なお、本書は戦後大学改革の経緯を緻密に追った良書であり、職員の皆さんにはぜひ読んでもらいたいと考えています。

遂げました。たとえば大学・短大進学率を見ると、昭和35(1960)年は10.3パーセントでしたが、昭和38年にはマーチン・トロウが言うマス型高等教育の入り口である15パーセントを超え、昭和51(1976)年には38.6パーセントまで急伸しました。つまり15年間にほぼ四倍になったのです。

この急激な大学進学率の伸びはなぜ起こったのでしょう。一つにはわが国の戦後教育改革によって学校教育システムが単線化され、中学校から高等学校へ、そして高等学校から大学への道が戦前に比べるとはるかに広くなったことが挙げられるでしょう。また第二に経済成長のおかげで家計の所得が伸び、大学進学の費用をまかなうことが以前に比べると容易になったことが挙げられます。実際、大学教育の大衆化を担ったのは国立に比べてずいぶん学費の高い私立大学であったのです。しかし第三に、国民の間に広く浸透した平等観念が大きく寄与しているのではないかと私は考えています。戦後民主主義社会の進展によって、人々には努力すれば自分たちの未来を明るくすることができるという考えが強まりました。とくに、大学を出て大企業に就職することが、子供たちの将来にとって最善の選択であるという一種の人生モデルが確立し、たとえ画一的と批判されようと、多くの人々はそれに向けての大学入学競争に参加したのでした。

急激な大学教育の大衆化は、大学システムにさまざまな歪をもたらしました。大学教員は、戦前のさまざまな高等教育機関の格差が、戦後改革の中で一応形式的には大学に一本化することによって解消し、後は自分たちの大学を少しでも東京大学などの有力大学に近づけたいというような古い大学観を持っていたのに対して、入ってくる学生は戦前のようなエリート学生ではなく、学問への関心の点でも、また大学卒業後の進路でも、それまでの学生とは異なる集団であったのです。その古い価値観と新しい価値観がぶつかり合った中で、昭和40年代半ばに全国を吹き荒れた大学紛争の嵐が襲いました。その嵐そのものはやがて収束に向かいましたが、政府は大学改革が必要であるという意思を固くしたことだろうと思います。

昭和50年代改革にはいろいろなものがありますが、一口でいうと、政府みずからがイニシアチブをとってさまざまな施策を実施して行ったところに、現在のような個別大学のインセンティブを優先する改革方策とは異なる特色があります。その主なものを列挙すれば、第一に大学の量的抑制と地方分散を図った「高等教育計画」があり、これは当初一定の効果を挙げ、進学率の伸びを抑え、また大学の郊外移転を促しました。しかし他方で、このような量的抑制は、新規の私立大学の参入を抑制したことから、既存の大学を保護し、古い大学観を温存したので、かえって大学改革を遅らせたといううらみがあります。

第二に、私立大学に対する経常費の本格助成が始まったことです。経常費の50パーセントまで公費で助成することを可能としたこの政策は、しかしその後の財政事情の悪化もあって、その経常費に占める割合は昭和55年の30パーセントをピークとして、その後は漸減の状況にあります。ただし、私学助成の本格化に伴い、授業料水準の抑制や教育研究水準の維持向上という当初の目的に加えて、私立大学の教職員の給与水準が著しく改善されるなど想定を超えた効果もあり、これが私立大学の国立大学に対するポジションの向上に与えた影響には大きいものがあるようです。

第三に、国みずからが新構想の国立大学を次々と設置し、そこでは筑波大学のように、教育組織と研究組織の分離、部局自治を改め全学自治システムの導入など、教育研究や管理運営の新機軸を伴った大学が作られました。私は、昭和47年に文部省に入ったとき、大学課に配属されたのですが、ちょうど昭和48年の「筑波大学設置法案」の国会審議時期とぶつかりました。その国会審議の激しさと答弁準備のための忙しさをまさに昨日のように思い出します。新構想大学には、筑波大学のほか、教員の現職教育などを重視した新構想の教育大学、科学技術大学、単科の医科大学、体育大学などいろいろあり、私が3年ほど付き合った放送大学も、当初は国立の新構想大学として考えられていたようです。

そのほか、大学や短大とは違う第三の高等教育機関として専修学校専門課程が作られたこと、大学入試センターの創設など大学入試制度の改革が行われたこと、大学の教育課程の改善、大学院改革などさまざまな改善・改革に手が付けられました。ただ、これらの措置によって、わが国の高等教育システムが社会の進展にあわせて一挙に改革されたというわけではありません。いくつかの改革は１９９０年代改革期までその実行が持ち越されてしまいました。大学改革にかける関係者の熱意は、私の記憶によると、今日のそれとは異なり、何かしら不十分なものであったような気がします。大学関係者の意識は容易には改まりませんでした。

ただし、実態としての大衆化圧力は、ますます大きなものになってきました。これにさまざまな条件が重なって１９９０年代改革期の幕が開くことになります。これまでに述べてきたことの総復習として、次に図表３―２を掲げておきましょう。これによって皆さんは、戦前のわが国の高等教育人口がいかに小さかったか、また１９６０年から80年までの20年間にいかに大衆化が進行したか、そして今日さらに大人数の学生が高等教育機関に在学していることを知っていただくことができるでしょう。

図表３－２　戦前・戦後高等教育在学者数の推移

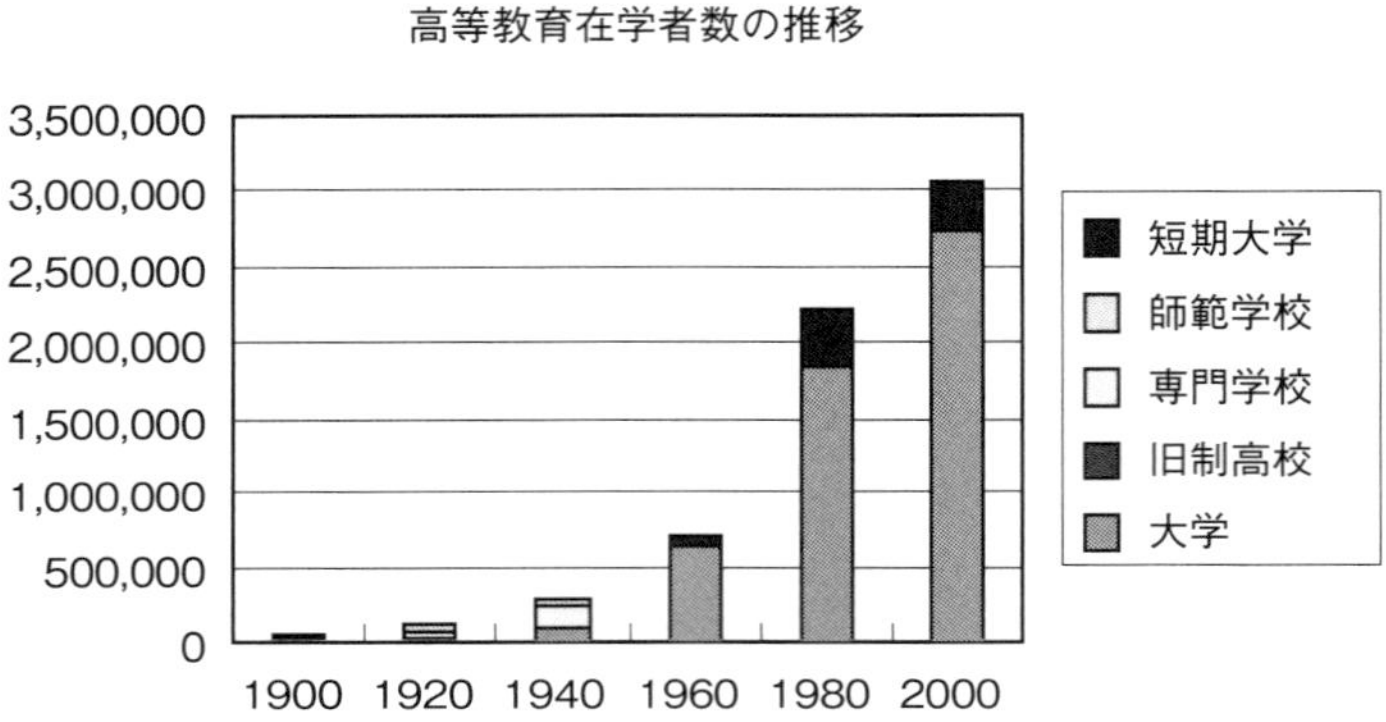

(出典)文部省「学制百年史」および学校基本調査

第四章　変化する時代の中の大学経営

1. 大学をとりまく環境の変化とその要因

わが国の大学は、第二章および第三章に書いたような経緯をたどって発展を遂げてきましたが、昭和から平成に移り、1990年頃を境目として、大学をとりまく諸環境は大きく変化しました。そのいくつかを挙げてみましょう。第一に、米ソの超大国による冷戦構造が崩壊したことです。これは一見、大学をめぐる環境と何の関係もないように見えますが、実は真に大学改革に影響を与えているのはこれではないかと思えるほど、深刻な影響を大学に与えたのです。それは、戦後世界の政治・経済・社会・文化の大きな枠組みを変え、ひいては大学の教育研究のよって立つ基盤まで変えてしまったからです。

かつて大学は、学問の府として独自の役割を果たしていました。その中には、既存の社会の流れや時の政権に対する批判勢力の基地としての役割をも含んでいたのです。米ソの二大勢力の微妙な均衡を背景に、さまざまな批判的意見が、たとえそれが非現実的なものであったとしても、片方の勢力の支持が得られることによって一定の影響力を持ち、かつ容認されうる立場にありました。政権与党も、この反対勢力の存在を無視できなかったので、わが国は資本主義経済で行くと標榜しつつも、野党との競争上、多くの国民に満足が行きわたるような社会主義的な経済・福祉政策も重視していました。しかし、社会主義体制の大幅な後退に伴い、それらを支持基盤と頼んでいた多くの大学人はまた、自らの主義主張の根拠の多くを失ってしまったのです。それに代わって、市場主義経済や科学技術の発展を拠り所とするアメリカ流の主張が大きな勢力を持ってきました。近年、世界的な経済危機を背景に、この市場主義やこれにもとづく大学改革に批判的な意見が増しているようですが、大局的にはこの傾向は変わらないものと思います。

教育の分野でも、従来のような「文部省」対「日教組」、「自民党」対「社会党・共産党」、というような左右の対立軸ではなく、臨時教育審議会の議論や90年代大学改革論議に見られるように、第三の軸が出現し、したがって従来であれば左右の対立の「右」の陣営に仲良く並んでいたはずの「教育界」と「産業界」、「文部省」と「経済官庁」などの内部の意見の違いが目立ち始め、その結果「守旧派」と「改革派」は、競争原理に基づく市場主義経済の考えを教育政策や教育活動に導入すべきかどうかを巡って、厳しく対立するようになってきたのです。大学も従来でしたら、大学管理や大学自治などのような政治的ことがらがしばしば問題になってきたのですが、昨今は、競争原理に基づく外部資金をどのように確保するのか、など経済問題を含めて大学問題の著しい変容が見られるところです。

第二にわが国では、同じ頃バブル経済が崩壊しました。その後の各種利害関係の清算と社会構造の再構築は、なかなか進みませんでした。最近でこそようやくその暗いトンネルから抜け出して新たな局面が開けつつありますが、「構造改革」は90年代以来のわが国の重い政策課題であり続けてきたのです。この構造改革自体がまだまだ途上であるところへ、臨教審以来懸案の大学改革の実行要請と時期的にぶつかったのです。このため大学の「構造改革」運動は、この二つの要素の相乗作用により、時としてその改革自体が目的と化しつつ、本来の改革とそうでないものまで含めて、大学世界に猛威を振るっているのではないかと私は考えています。いずれにしても、社会構造の変化は、産業構造・雇用構造の変化を巻き起こし、大学生の就職市場にも大きな影響を与えていいます。今や大学は「入る」場所あるいは「出る」場所ではなく、建前通りの「学ぶ」場所であると言えるでしょう。単に偏差値が高い大学を卒業し、大企業に就職できたという事実だけでは、その後の数十年の職業生活はもはや保障されない時代になっています。私は戦後ベビーブーム世代、つまり団塊の世代の人間ですが、30数年前に特段の専門知識や技術を持たないまま、いやむしろ白紙の状態を良しとして、将来のゼネラリストをめざし大企業に就職した仲間たちが、まさにリストラのターゲットになってしまった事実に、時代の変化を感じます。

これを見て育った若者たちは、大学で何を学び取らなければならないか、敏感に反応しつつあります。学生の専門職志向は、若者なりの現実的な対応ではないでしょうか。ダブル・スクールなどと呼ばれ、大学に通いつつも、実務的知識を専門学校で学ぶ学生も多いようですが、医・歯・薬学系、心理学系、ロースクールを意識した法学系などの「実学」に高い人気が集まっているのもそのためでありましょう。今、職業生活の成功にとって必要なことは、受験偏差値によって代表される潜在能力ではなく、大学で何を勉強し、何ができるようになったかという実践的能力に変わったのです。

当然、大学自身も役割変化が求められます。これからの知識社会に生き残りをかける大学にとって、従来のように18歳の若者を難しい入試によって選抜し、これをもって潜在能力を判別し企業に送り出すという、安易な役割とは決別しなければなりません。これまでのように、教員の個人的関心に基づくアカデミックな学問研究の一端を切り分けて、学生に学問研究の楽しみを話しても、多くの学生には受け入れられがたくなってきたのです。ちなみに、学問研究の楽しみを話すことは、大学院に進み大学教員を目指す学生には有益なことであって、結局のところ大学教員は無意識のうちに、大学教員養成という「職業教育」を実践していたのかも知れません。しかしいずれにせよ、教育内容には細心の注意と準備が必要になってきました。このことは、これまでの大学の教育研究のあり方の核心に迫る問題ではないでしょうか。

第三に、以上のような変化を受け、国の行財政改革にも一段と拍車がかかってきました。昨今の大学改革論議は、従来のような「大学の自治」「学問の自由」にかかわる問題を超えて、大学を社会システムにどのように有効に組み込むか、たとえば科学技術と大学とはどのような関係にあるべきか、大学の地域貢献はどのようにあるべきかなど大学の説明責任を問うものにと変わってきております。私は以前、「大学の学校化・文部省の霞が関化」という造語を打ち出して、政府と大学との関係変容を説明したのですが、今や大学改革は、それを受け入れるか否かという原則論ではなく、どのように受け入れるかという現実論の課題になってきました。

そのような大学改革の背景には、第一および第二に掲げた環境変化に加えて、18歳人口の減少、国立大学の法人化、大学市場のグローバル化という、さらに別の環境変化が挙げられます。これについては第二節以下で順次説明することといたしましょう。

2. 18歳人口の見通しとその対策

現在大学世界を覆っている暗雲は、何と言ってもこの18歳人口の減少でしょう。なぜなら、若者を学生として受け入れ彼らを産業界に送り出してきた大学にとって、18歳人口は最大の顧客であり、とくに彼らが支払う授業料に財源の多くを依存している私立大学にとっては経営不安の要因であるからです。

振り返ってみますと、これまでの大学は大変幸せな時代を送ってきました。戦後の大学制度改革によって多くの国民に門戸が開かれた大学は、戦前大卒者が優遇されてきたと考える当時の親たちにとって、子供たちをぜひとも送りたい学校でした。折からの高度経済成長による所得増により負担能力を増した親たちは、子供たちの将来に期待を込めて、大学の門をたたかせたのです。このため、大学にはその定員を大幅に上回る受験生が集まり、それは少々の大学増加、定員増大では間に合わないほどの状況でした。

実は18歳人口の減少は、今回のことだけではありません。昭和40年代には、今回をしのぐスケールで18歳人口が減少したことがあります。つまり昭和41(1966)年の249万人をピークとする18歳人口は、10年後の昭和51年の154万人になるまで、まさに急転直下の減少を起こしたのです。ただ、当時は増え続ける進学希望者に支えられて、入学者が減るというような事態は起こりませんでした。また、18歳人口はその後回復に転じ、平成4（1992）年の205万人のピークに向けて増加したことはご承知の通りです。

今回は、事態が全く異なります。今回の減少は一過性のものではなく、50年先を見通しても回復の見込みがありません。図表4―1をご覧いただければよく判ることですが、平成21（2009）年に121万人にまで減少し、その後はしばらく横ばいの時期が続きます。そして2020年頃から再び減少期に入って、2050年には70万人になると、厚生労働省では推計しているのです。当初、文部省や大学審議会は、2009年までしか視野に置かないで議論を進めておりました。図表中にある縦線の左部分しか見てなかったのです。しかしここまでの視野ですと、2009年まで耐えればあとは事態が改善に向かうという間違った期待を人々に与えてしまいます。現に与えてしまったかも知れません。何せ、前回の減少は見事回復に転じたのですから。

ようやく文科省と中央教育審議会は、18歳人口の見通しを、平成17（2005）年の答申「我が国の高等教育の将来像」において、平成32（2020）年まで拡張しました。しかしそこで

図表４－１　18歳人口の将来見通し

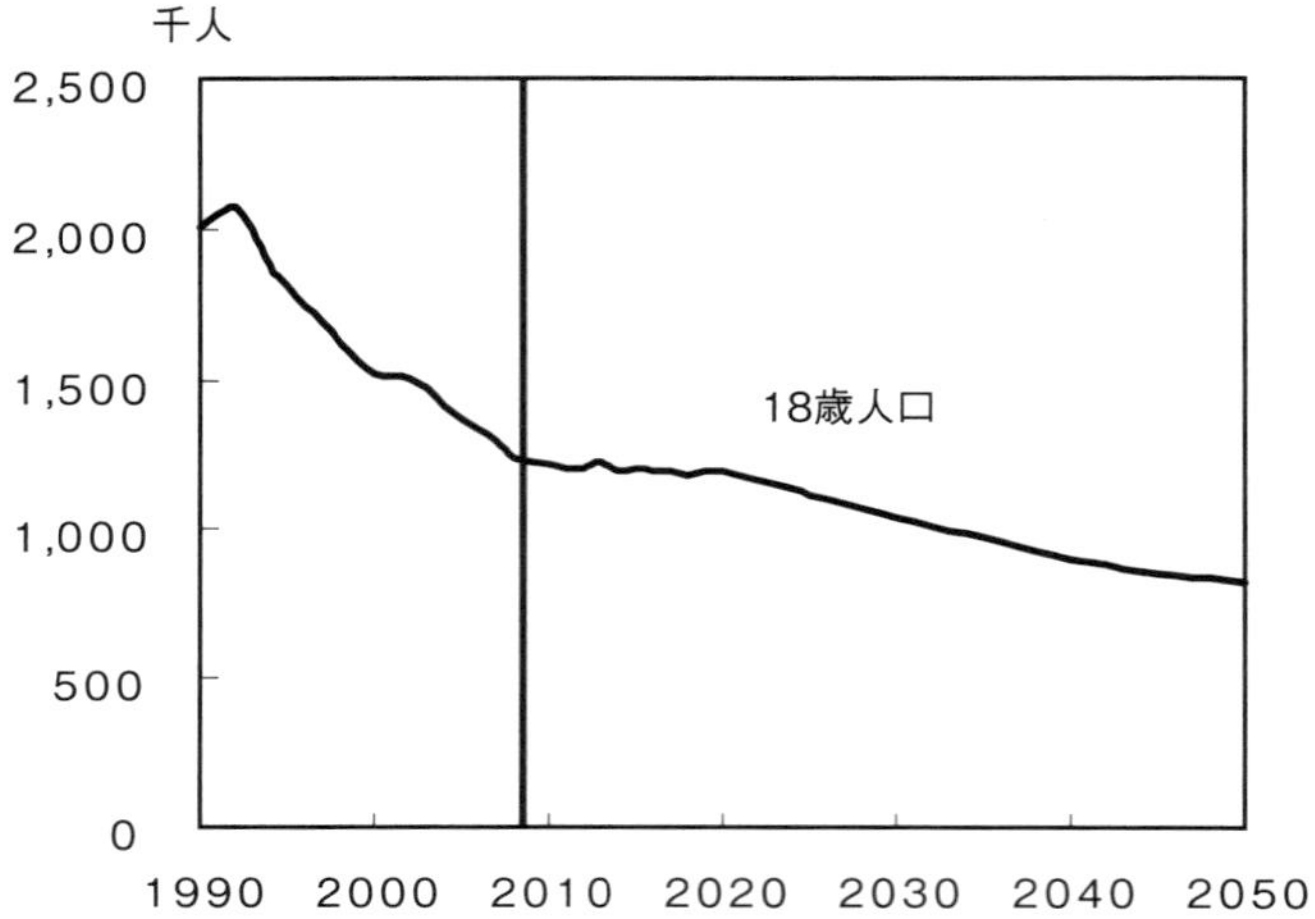

（出典）厚生労働省

の説明でも「約１２０万人前後で推移する」とあるだけで、後のことは何も触れておりません。その後の危機的あるいは悲劇的とも思える18歳人口の見通しを、考慮に入れておくべきだったのではないでしょうか。もっとも我々自身も、40年も先のことなど、というように当事者意識が希薄になって、他人事のように考えがちなのは否めません。何せ20歳の若い大学職員でもそのときは仕事の第一線から引いている年齢になるのですから。

しかし、再び人口が減り始めるのが２０２０年ということになると、それはたった9年先の話であり、我々の現実の視野に入れるべき短さです。２０２０年から30年間続くこの下り坂に耐えられる大学にするために、そしてその問題で苦労するであろう我々の後輩のために、ぜひとも諸準備を怠ることのないようにしたいものではありませんか。

ところで、18歳人口の減少の影響はすでに深刻な状況で現れています。私学事業団の発表によると、平成23(2011)年の入試で私立大学の4割、私立短大の7割近くが定員割れだということです。また少々データは古いのですが、平成13(2001)年の入試における私立大学493校(当時)の入学定員、入学志願者数、実際の入学者数などの各校別数値が分かっていますが、それによると、入学志願倍率の高い上位100大学の競争倍率は10倍を超えているのに対し、下位のグループでは次第に競争率が低くなり、たとえば401位から最下位までの大学ではわずかに定員を上回る志願者しか集まらず、このグループ全体の定員確保率は約3分の2にとどまっています。このように、18歳人口減からくる受験人口の減少が影響するのは、一律にではなく、不人気校に対して厳しくなる傾向が顕著に現れています。この先、18歳人口がさらに減ったときにどのような事態になるのか、心配されるところです。

もっとも、若者の入学志願率が高まれば、いささかでも問題を緩和できることは間違いありません。実際、昭和40年代には18歳人口が急速に減ったにもかかわらず、それを補って余

図表４－２　大学・短大入学者数等の推移（平成５年～23年）

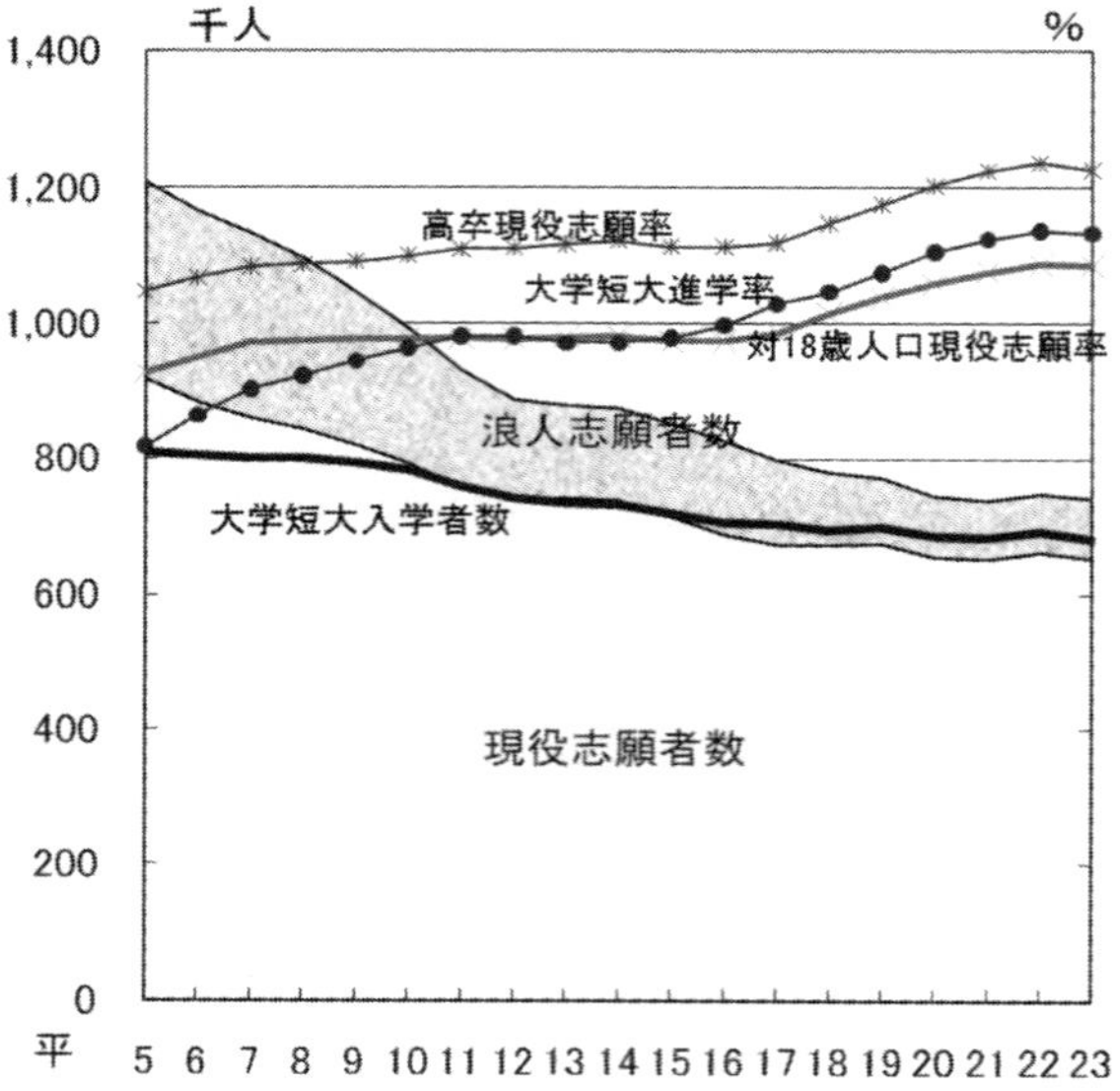

（出典）文科省学校基本調査

りあるほど入学志願率が伸びたのですから。ところが、図表４－２をご覧になるとお分かりのように、ここ数年の大学・短大入学志願率の上昇にも関わらず、受験者人口（現役志願者＋浪人志願者）の急速な減少が見られることです。平成23年の大学・短大入学者数は約68万人でしたが、現役志願者数はすでにそれをかなり下回っています。浪人志願者数があって始めて受験市場が成り立っていると言ってもよいでしょう。すでに私立大学が集めている入学者数は、入学定員を6パーセント上回るに過ぎなくなっています。私学経営上（学生からの収入と補助金のペナルティーのバランス）は、もう少し学生を集める方がよろしいのですが、実際には学生を集めたくても集められないのです。受験生にも大学を選ぶ権利があるわけですから、どの大学でもいいという訳にはいきません。すでに大学全入は現実のものになっているのではないでしょうか。

このような中で、受験生と大学との関係は、多くの大学において完全に逆転してしまいました。かつての「学生選抜」は「学生確保」に変わったのです。これからの大学は、受験生そして学生のニーズを的確に捉え、かつ大学としての教育水準を保ちつつ運営していかなければなりません。まさに市場メカニズムを介しての大学教育改革が始まっているのです。これまでなかなか動かなかった大学改革が、１９９０年代以来急速に動いている背景にはこのようなこともあるのです。

しかし、すべての大学がこの経営危機をうまく乗り越えられるかどうかは分かりません。文科省では平成17年3月、学校法人の経営破たんの際の学生の転学の手立てを含めた「セーフティーネット」の考え方を打ち出し、また私学事業団では平成17年11月、有識者を集めて「学校法人活性化・再生研究会」を立ち上げ、19年8月には、経営問題の深刻度に応じた関係者の対応を提言しています。このように、にわかに問題が現実化したかの感がありますが、私自身は平成14年、私立大学経営問題研究会というプロジェクトを立ち上げ、大学経営の実務家に加えて弁護士や公認会計士の協力を得つつ研究を続け、平成16年7月には最終報告を公表しました。この報告書は、私の個人ホームページにものっていますので、興味ある方はご覧になってください。

3. 国立大学の法人化

国立大学の関係者にとって、近年最大の大学改革は、何といっても法人化でしょう。平成16(2004)年4月、すべての国立大学は国立大学法人法の規定のもとに一斉に法人化しました。法人化は当初、理念上の問題としてその賛否が論じられていたものですが、法律が成立してから法人化までの数ヶ月は、事務的に大変忙しくなり、とくに職員の方にとっては、法人化は手段なのか目的なのか、はっきりしない中で仕事に忙殺されていたのではないでしょうか。

さて、そもそも国立大学の法人化というのは何なのでしょうか。その議論のきっかけは政府の行財政改革の動きにあります。公務員の定員削減という伝統的行財政改革手法の限界を感じていた政府は、政府業務の実施方法そのものの改革を目指して、「独立行政法人」という仕組みを作り出しました。これはイギリスに倣ったものだと言われていますが、政府部内にあった業務を独立行政法人という組織に委ね、政府はその独立行政法人に対して、業務実施の目標を与え、かつ運営費交付金という運営資金を支出します。独立行政法人は、与えられた目標に沿って中期計画という業務計画を立て、監督庁の認可をもらって、実行に移します。実行後は、政府に置かれた評価委員会によって業務実施が適切にかつ効率的に行われたかどうかを評価し、この独立行政法人の存否を含め次の業務の実施に反映させるという仕組みです。このような仕組みを作ることによって、政府部内にあるよりも業務の実施が、より少ない予算でより大きい効果、つまり効率的に行われるであろうと考えたのです。その際、政府は司令塔、独立行政法人が実施部隊という訳です。もっと俗っぽい言葉を使うなら、政府が頭で独立行政法人が手足ということになるでしょう。

この仕組みをそのまま大学に適用すると、大学はどのようになるでしょうか。大学は手足でよいのでしょうか。これまで誰もが認めてきた大学の自治的・創造的な機能が欠けてしまうことは明らかです。したがって、当初は文部省自身、これに反対していました。しかし、政府部内における行財政改革の進展は予想外に早く、かつ厳しくなり、ついに文部省も抵抗しきれなくなったものと思われます。政府部内あるいは政権与党との折衝の結果、大学の特性に配慮した「国立大学法人」とすることで、政治的・行政的にはこの問題は決着しました。

政治的・行政的には決着がついているのでしょうが、制度の適用を受ける国立大学にとって法人化の成否はこれからの経営にかかっています。法人化は、各大学に自主自律と結果責任を要求するというアメとムチの両面があり、これが各大学の効率的運営のインセンティブにもなっているのですが、これをどう使うかによって、各大学の経営姿勢は大きく変わり、その結果、法人化の趣旨を活かすことのできる大学とそうでない大学との格差が今後広がっていくことが予想されます。従来は、国立大学は政府部内にあって、むしろ庇護されるような形で仲良く文部省を囲んでいたわけですが、法人化後は、国立大学同士での競争も激しくなり、成長を遂げる大学とそうでない大学との格差が出てきているようです。成長を遂げる大学は、法人化によって自由度が増した大学運営のメリットを最大限に活かし、積極的経営に乗り出し、文科省をすら大学成長のために利用しようという姿勢を示しつつありますが、競争に出遅れた大学にとっては、中期計画の事後評価や運営費交付金の配分権限を持つ文科省の存在感はこれまで以上に大きくなっています。また、中教審答申は、本来なら文科大臣からの諮問事項を受けて審議した結果を文科大臣に報告するものでしょうが、最近のものはボリュームも増え、まるで大学関係者に宛てたマニュアルのような印象すらあります。それも政府と大学との関係変化の一つの局面なのでしょうか。

4. グローバル化の中での質保証

大学というところは、もともと国際化と大きな関係がありました。明治の昔から、欧米の進んだ学問研究の成果を受け入れ、それをわが国なりに再解釈して普及するという活動は、立派な研究業績として評価されたものです。また欧米の学問研究の摂取には、外国語の習得は必要不可欠の要素であり、ドイツ語や英語は研究者だけではなく学生にとっても必須の学習科目でした。しかし、このような国際化は、いわば「受信型」の国際化であり、わが国の教育研究の成果を海外に発信するものではなかったのです。

近年、世界の経済はグローバル化が進み、地球の裏側の国の出来事であっても直ちにわが国の経済活動に影響するようになり、互いの経済システムの緊密な関係が構築されるようになりました。グローバル化が国際化と異なるところは、国際化が互いの国の違いを認めつつ必要な部分で外国の要素を取り入れるのに対して、グローバル化には世界を一つのシステムでまとめようというニュアンスがあります。グローバル・スタンダードという用語がありますが、そのスタンダードを決めるのが現在の世界で覇権をとった国でありましょう。さまざまな議論がある中で、グローバル・スタンダードの多くが、とくに経済や情報分野の多くがアメリカ型システムを基準においているのはそのためです。

教育の分野でも20世紀高等教育システムのモデルとなったアメリカ型は、いわば高等教育のグローバル・スタンダードとなって世界の高等教育を席巻しています。ただし、この分野では歴史と伝統の蓄積のあるヨーロッパ諸国の動きも見逃せません。近年、ボローニャ・プロセスといって、ヨーロッパ地域に共通する高等教育制度の相互通用性の確立が、彼の地域で大きな政策課題になっていますが、これはヨーロッパにおける高等教育システムの復権運動と見ることもできるでしょう。

相互共通性を確立するためには、自国の高等教育で得た学位が他国でも問題なく通用するような手だてをとらなければなりません。修業年限の統一や教育の質を保証するための比較可能な基準・方法論の開発などは、その有力な手立てなのです。

さてわが国でも、大学評価はこの20年近くの間、大学改革の大きな課題の一つでした。平成3(1991)年の大学審議会答申によって導入された「自己点検・評価」は、予想外に大学に受け入れられ、それが第三者評価、さらには認証評価に至ったことは皆さんもご存知のことと思います。第三者評価に関しては、平成12(2000)年の大学評価・学位授与機構の設立(従来の学位授与機構の改組による)、認証評価については、平成13年の総合規制改革会議のアクレディテーション(評価認証)制度導入を含む答申のことを忘れることはできません。ここではその詳細は論じませんが、皆さんで関係の資料を調べていただきたいと思います。

いずれにしても、国公私立を問わずすべての大学は、今後7年に1回、文部科学大臣の認証を受けた評価機関による評価を受けなければならないことになりました。これに加えて国立大学法人は、6年に1回、文部科学省に置かれた評価委員会の評価があり、また専門職大学院については5年に1回、当該専門分野に係る認証評価機関による評価を受けなければなりません。このように、かつては大学自治の意識の壁に阻まれて容易に実施ができなかった大学評価ですが、今日ではさまざまな形の評価を受けることになったのです。

5. 知識社会の中での大学

さて、21世紀は「知識社会」あるいは「知識基盤社会」であると言われています。すなわち、知識が経済や社会の維持発展に果たす役割が、従来よりも格段に大きくなる社会になるということです。その知識を作り出し(研究)、次世代に伝達し(教育)、産業技術や社会福祉などに応用する(社会貢献)大学の役割は、18歳人口の減少など暗い話題がある反面、無限の可能性を秘めた大きなものです。

大学が取り扱う知識が、「既知〜基礎」の領域から、「未知〜基礎」や「既知〜応用」、さらには「未知〜応用」へとどんどん拡張し、大学の機能や組織もそれによって大きく変化を遂げていることは第一章で述べた通りです。ここで取り上げたいことは、その拡張の中で、学生の側から見ても知識の意味が変わり、大学もそれに応じて提供する教育内容を変えていかなければならないということです。

第一に挙げるべきことは、大学教育がこれまでのような「潜在能力選抜型」とでもいうべきものから、真に中身のある「実力養成型」に変わっていかなければならないということです。

かつて大学は同世代の若者のごく限られた部分を対象にして行うエリート養成の場でした。そこに学ぶ学生は、大学に入学できたという事実だけで、将来実務に就いた際にはすばやく適応する能力すなわち潜在的な能力があると企業が判断してくれていたのです。したがって、大学では職業能力向上のための特別な教育を施す必要はなく、将来のエリートとして相応しい「教養教育」と教員が一番関心のあるアカデミックな「専門教育」を行うだけでも、十分に世間に対して責任を果たすことができたのでありました。図表４－３は、実力も学歴もまだ持っていない若者を、そのように教育すべきかを表した概念図ですが、ここで言えば、Ｃのような形の大学教育システムで良かったわけです。

しかし、大学全入時代が近づくにつれて、大学入学試験の選抜性が弱まってきました。定員割れの大学はもとより、そうでない大学でも今や「学生選抜」ではなく「学生確保」が経営戦略の主軸をなすに至っているのです。したがって、各大学は、いかに自分の大学が役に立つ教育を学生に提供できるか、つまり大学教育の中身の魅力を巡って厳しい競争関係に立つようになりました。言葉を変えれば、大学教育は入学という「入口」のところの問題ではなく、「出口」すなわち卒業の時点で学生にどのような能力を身に付けさせたかが問われるようになってきているとも言えましょう。図表４－３中のＣからＡへの変化こそ、現在進行中の大学教育改革の核心をなすものだと私は考えています。

第二に、知識社会の到来により、「潜在能力」プラス「頑張り」を人材評価の基調としてきたこれまでの工業社会に比べて、職業生活に必要な知識・技術の水準が格段に上がりつつあることです。加えて、大企業の雇用慣行つまり若年時新卒定期採用と終身雇用も揺らいできました。学生もこれに対応して、職業生活に必要な高度な知識・技術を身に付ける必要があり、また社会人の大学院進学熱も高まってきました。

高度な知識・技術を身に付けるためには、一定のまとまりのある時間と体系的な学習が有効です。自学自習ももちろん大切なことですが、一定の時間を割いて大学や大学院で学ぶことのメリットは大きいのです。これまでは、大学では潜在能力の発見や基礎学力の養成を、企業や社会で実務能力の獲得を、という形で何となく棲み分けが行われていたようですが、ここへ来て、大学・大学院で学ぶことの意義が再評価されつつあるのです。その意味でも、CからAへの改革が必然であることがお分かりでしょう。

第三に、以上のような変化を踏まえて、職業能力あるいは職業資格の取得のために、大学・大学院教育が必要あるいは有利になるような仕掛けがつくられつつあることです。その最たる例は、法科大学院でしょう。独学で司法試験に合格できる道は、しばらくは残されるでしょうが、今後、法曹資格を得るためには法科大学院を出ることが早道になります。いわば「能力養成の制度化」とも言うべきものでしょう。

もっとも、このような制度化は今に始まったことではありません。例えば明治の中期までは、江戸時代以来の徒弟訓練が専門職業人養成に幅をきかせていました。また、政府の官員や医師、司法官・弁護士なども大学を出なくとも試験によって進める道があり、商家や企業の従業員も下手に学校教育を受けるよりは、徒弟奉公を経て実務能力を身に付けることが望ましいと思われていた時期がありました。しかし、その後段々と正規の学校教育を経て就くべき職業になったという歴史があることを思い出すべきでしょう[1]。

さてそのようなことを考えると、これからの世の中は実力に裏付けられた学歴が大事になる社会ではないかと思います。従来我が国で言われてきた「学歴社会の弊害」論の多くは、図表で言えばBとCとの対立でした。具体的には「学歴はないが実力のある人材」と「学歴はあるが実力が伴わない人材」のどちらが良いかという問題でありました。

しかし、BとCとの対立は、企業や社会における学習と大学における学習がその役割に応

1　このことは、天野郁夫著「学歴の社会史」（新潮選書）に詳しいので、ご覧になるとよろしいでしょう。

じて棲み分けていた時代の議論でした。工業社会において必要とされる程度の知識・技術が前提であったとも言えましょう。しかし、その棲み分けが怪しくなってきた知識社会の中で、高度で体系的な教育を行う大学・大学院の役割は格段に大きくなってきています。「実力か学歴か」ではなく、「実力も学歴も」というのがこれからの姿でしょう。

その意味で、平成17年1月に出た中教審の「我が国の高等教育の将来像」が、「学(校)歴偏重社会が次第に過去のものになる」と述べている点については、若干の解釈が必要です。そこでも述べられているように、人生の早い段階で得られた学歴のみによって評価されることは解消に向うでしょうが、学(校)歴そのものの価値は、実力を伴いつつ、ますます大きくなると考えるからです。

なお、わが国がグローバル社会に適応するためにも、修士や博士の学位をもっと大切に考える必要があると思います。これは、大学院教育の拡大・充実政策でもあるでしょう。中教審の答申に限らず、政府は教育問題としての「学歴偏重社会の弊害是正」に気を使ってきました。しかし大学院レベルでは、政府も学歴の有効性の旗振りをしているようですので、さらに論を進めて学歴というものの「正しい見方」を大いに普及させるよう努力すべきではないでしょうか。明治5年の学制頒布の際、被仰出書に「学問ハ身ヲ立ルノ財本トモイフベキモノ

図表４－３　実力と学歴との関係とその変化

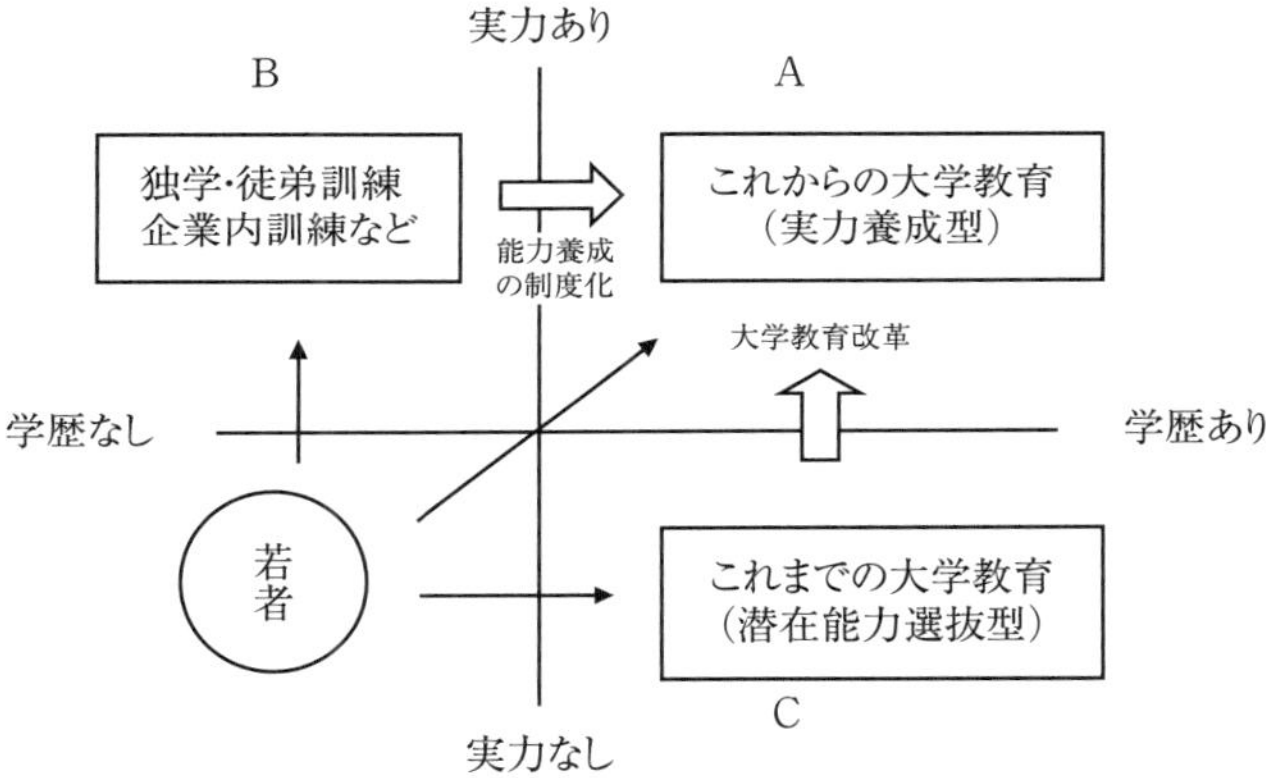

（出典）筆者

ニシテ人タルモノ誰カ学バズシテ可ナランヤ」とあることから見ても、教育とその結果としての学歴の効用を勧めるのはわが国の伝統です。知識社会の中で、学生が高度な知識・技術を学べるよう、大学・大学院教育の効用を推進し、それを梃子に一層の大学改革を進めるべきではないでしょうか。

このようにして、教育の分野でも研究の分野でも大学の機能はどんどん拡張しつつあるのが現状です。これが知識社会の中で主導権を握ろうとする大学にとっての基本戦略になるのではないでしょうか。各大学がこれらの拡張のすべての方向を目指すべきだとは思いませんが、各大学はそれぞれのミッションの中で方向を定め、その研究教育の充実を図っていくべきだと考えています。ただ、そのため大学の経営や管理・運営は従来に増して複雑かつ高度化が要求されます。大学事務職員の役割・期待はますます大きくなっていくことでしょう。次の二章でその職員のあり方を論じて行きましょう。

第五章　職員のプロフィール

1. 大学事務職員とは何か

大学に限らず、およそどのような組織にも、その業務を行うに必要な管理者とそれを支えるスタッフが必要です。組織が小さいうちは、管理者自らが事務的作業を行うことも可能でしょうが、組織が大きくなり、また経営判断の高度化が要求されるようになると、管理者と支えるスタッフとが役割を分担しませんと、経営判断も事務作業もうまく回していくことが難しくなります。大学における支えるスタッフとしての職員の役割は、基本的にはこのような文脈で理解すべきでしょう。さらに、大学には専門的見地から業務を行う教員がいるので、かなり複雑な組織であることは否めません。

このためもあって、学校教育法92条は、「大学には学長、教授、准教授、助教、助手及び事務職員を置かなければならない」として、副学長や講師と異なり、また、教育研究上の組織編制として適切と認められるときは置かなくてもよい准教授、助教、助手とは区別して、事務職員を必置の職として規定しています。また、大学設置基準(文部科学省令)では、学校教育法の規定を受けて、「大学は、その事務を処理するため、専任の職員を置く適当な事務組織を設けるものとする」(41条)、「大学は、学生の厚生補導を行うため、専任の職員を置く適当な組織を設けるものとする」(42条)としており、大学に事務局や学生部などの名称を持つ組織を置くことを定めています。

この規定を受けて、それぞれの大学には事務部門が置かれているのです。ご承知のように国立大学は平成16(2004)年4月に法人化されましたが、それ以前は事務組織について、国立学校設置法施行規則(文部科学省令)に細部の規定がありました。現在の国立大学の事務体制はかなり変わりましたが、しかし変わる前はどうであったかを知る参考になるので、次にこの施行規則の内容を見てみましょう。

この施行規則によると、国立大学には、庶務、会計及び施設等に関する事務を処理するため事務局を、学生の厚生補導に関する事務を処理させるため厚生補導に関する部(学生部)を設置することとするとされており(28条)、その特例として、筑波大学をはじめ同施行規則に列挙されたいくつかの国立大学の事務局においては、これらを一括して、学生部ではなく事務局で処理させるものとされていました(29条の2)。また、国立大学の学部や研究所等に、その事務を処理させるため、規模に応じて、それぞれ事務部または事務室を置くことができ、ただし、必要と認められる場合には数個の学部等の事務を併せて処理する事務部を置くことができるとされていました(29条)。

これらの規定を踏まえて置かれている事務組織について、実際上の役割はどのようなものであったのでしょうか。平成7(1995)年の大学審議会答申では、事務部門の役割について、「教員組織と事務組織は車の両輪であり、両者の良きパートナーシップの確立が必要である。また、大学運営の複雑化、専門的事項の増加などに伴い、事務組織の果たす役割が一層重要になっている」とし、また、その具体的役割に関して、「事務組織においては、大学に関する諸制度や予算を踏まえて、必要な場合には具体的な企画・立案を行い、大学改革の推進等について学長、学部長等を補佐し、改革の方向に沿った教育研究活動の支援を積極的に行っていくことが重要である」と、その役割を積極的に評価しています。

当時の各大学の実情を調べると、例えば「教育研究を担当する教官と日常的に接触し、その実情に即し事務処理を行うのが各学部等に置かれる『事務部』であり、『事務局』は、庶務、会計および施設等に関する事務に関し、また『学生部』は、学生の厚生補導に関し、各事務部の事務を総括・調整しつつ、全学的立場から事務処理を行う」(九州大学の例)として、いわゆる本部(事務局と学生部)は総括・調整を、そして各学部等の事務部門は、教員に対するサービスと考えられていたようです。ただし、当時から私立大学では、事務組織の役割は大学の意思決定への積極的関与など、より積極的に捉えられていたようです。

平成16年4月の法人化により、国立大学の事務部門の役割はより積極的なものになってきました。国立大学の法人化の審議を行った国立大学法人検討委員会では、第一章でも紹介したように、事務局の役割について「従来のような法令に基づく行政事務処理や教員の教育研究活動の支援事務を中心とする機能を越えて、教員組織と連携協力しつつ大学運営の企画立案に積極的に参画し、学長以下の役員を直接支える大学運営の専門職能集団としての機能を発揮することが可能となるよう、組織編成、職員採用・養成方法等を大幅に見直す」としています。これからの国立大学の事務局は、その新たな役割にふさわしい人材を養成する必要が出てきています。

このため法人化後、各大学ではさまざまな試みがなされています。例えば私が当時勤めていた筑波大学では、他の多くの国立大学と同様、事務局長を廃止し、各副学長(理事)が業務を分担する中で、彼らのそれぞれに関係する事務組織を付け、大学の業務に直結した機動的な事務サポートができるようになっています。いわばアメリカ型の管理運営組織に近い組織体制になったわけです。現在勤務している広島大学でも、組織は違いますが発想は同じです。元からの事務局制が良いのか、副学長直結型が良いのか、賛否両論あるようですが、事務局長制は手堅い事務処理を行うには優れていますが、学長と役員会が運営する国立大学法人の趣旨から、かなりの激務を処理することが期待されている副学長(あるいは理事)を補佐する機能に難があります。他方、副学長直結型ですと、事務職員のトップに立つ副学長の力量が事務組織の能力を決める要因になりますので、管理運営業務に慣れない教員出身の副学長には大変厳しいものではないかと思います。

2. 大学事務職員の数

大学経営人材の問題を考える際、その供給源としての職員数がどのように推移し、またどのような現状にあるのかを正しく見極める必要があります。日本では、「国立大学には沢山の職員がいて非効率的な運用がなされているのに対して、私立大学は少ない職員で効率的に切り盛りしている、国立大学の職員はもっと削減できるのではないか」という風な言い方で、大学を見ることが多いようです。確かに、かつて国立大学の職員(事務系、技術技能系、医療系、教務系などすべてを含む)は、教員数をはるかに上回る人数であったことは事実です。しかしその後、行政改革による教職員定数の削減が、主に職員の側にかかってきたこともあり、その伸びは鈍化し、やがて減少に転じて、一時は教員数を下回るまでになっています。

これに対して、私立大学では大学の数が増えていることもあってか、教員数および職員数ともその伸びは国立よりも大きく、かつては両方とも国立大学よりも数が少なかったのが、1975年頃からは逆転し、経営危機が間近に迫った現在においても、依然として増え続けているのです。図表5―1は、国立大学および私立大学の教員数と職員数の推移ですが、その増減の経緯をごらんください。

もっともこれらの数字は、いくつかの前提をおいて考える必要があります。その一つは、私立大学は多数の学生を抱えているので、学生一人当たりの職員数は、私立よりも国立の方が多いはずだという意見です。数字を調べてみると確かにその通りで、2010年度において、学生一人当たりの職員数は、国立大学で0．104人であるのに対して、私立大学では0．059人ですから、国立は2倍近い人数ということになります。但し、国立大学では、この数字が1965年には0．200人であったのが、年々減り続けて現在に至っているのに比べ、私立大学では同じ年に0．041人であったのが、むしろ増加気味であることも忘れてはなりません。変化が著しい大学環境の中で、新たな事務ニーズに応えるために、どちらの

図表5－1　大学の教員および職員数の推移

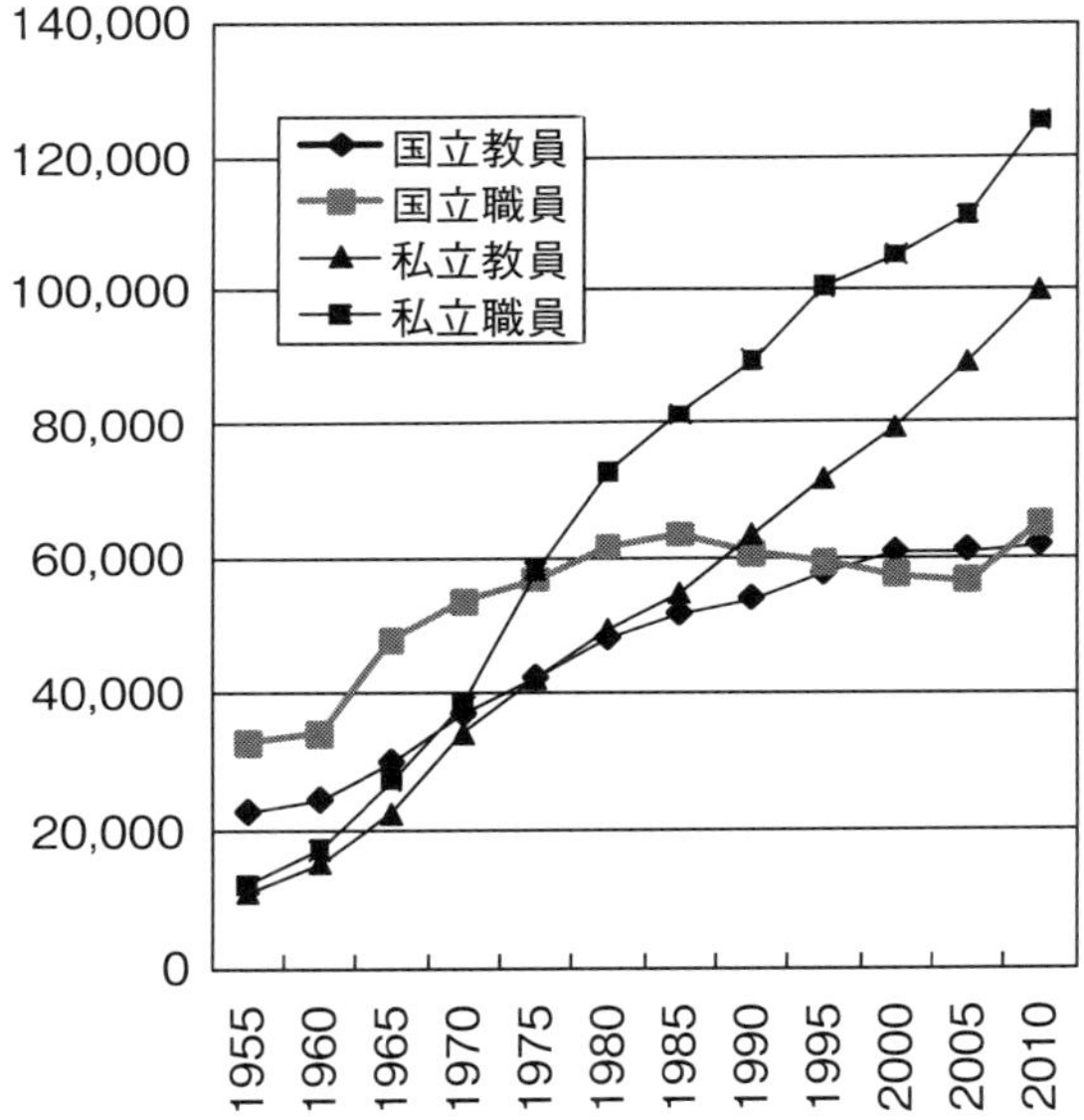

(出典)文科省学校基本調査

方が改善のための努力してきたのでしょうか。

もう一つの前提は、大学職員の中には、事務系だけでなく、医療系や教務系なども含まれており、とくに医学部とその附属病院を抱える大学は、他の大学よりも職員数が多いので、そのバイアスを除く必要があるというものす。確かに、職員数の総計に占める医療系職員は、国立で51パーセント、私立では53パーセントも占めている(学校基本調査2010年)わけですから、これを除いて、事務系職員同士で比較しなければならないという考えもありうるでしょう。おそらくは、東大や京大のように、医学部を抱え、また過去の歴史的経緯から職員数の多い国立大学をイメージしての議論、つまり限られた数の大学での印象から全体を論じる傾向が、このような世間の見方を支えている可能性が高いのではないでしょうか。そこで、もう少し細かく、個別の大学の様子を見る必要があるのではないかと考えました。

ちょうど私が、2001年に科学研究費補助金による大学職員の能力向上に関するアンケート調査をしたときに、各大学の教員数と職員数を訊ねたデータがあります。このデータは学校基本調査に答えるために各大学が用意しているもので、その意味で学校基本調査の数字との連動性もあります。そこで、医学部など医療系を含む大学と、それを含まない大学とに分けて分析をしてみたところ、やはりマクロでの職員数の減少傾向を裏付けるように、国立大学は、私立大学に比べて教員数に対する職員数の比率が低いという結果が出ました。例えば、教員数が約600の国立大学二つにおいて、職員数は300弱であり、教員・職員比は2対1になります。それに比べて、同じく教員数約600の二つの私立大学では、職員数がそれぞれ約600と約500であり、教員・職員比は、はるかに職員側に大きいのです。もっともこの二つの国立大学は学部入学定員が1，700人前後であるのに対して、私立大学の方は、６，０００人もいるので、学生数を考えると話しは別になります[1]。

以上の分析結果から言えることは、職員数の問題もさることながら、私立大学では少ない教員で切り盛りしているという実態があることです。少ない教員は、それこそ教育研究に専念してもらわないと、大学は動いていかないでしょう。自ずと職員が中核的大学運営業務に携わるチャンスは大きくなります。国立大学のように教員数が多ければ、彼らに大学管理を委ね、またそれに伴うさまざまな事務的用務も増えるでしょう。その事務を誰が担うかとなると、私の個人的経験から言わせてもらうなら、経営レベルの高級事務も、日常レベルの通常事務も、時には教員が、別の時には職員がというように、渾然一体となって担っているのが、どうやら国立大学の実態であるようです。

1　この分析結果を示した図表をご覧になりたい方は、文部科学教育通信71号(平成3年3月10日号)の19頁に私が書いたものを参照してください。

3. これまでの職員研究・能力開発活動のあゆみ

次に、最近関心が高まってきている大学職員のあり方について、これまでどのような研究や実践が行われてきたのかについて、簡単に触れてみましょう。

(1)民主教育協会のＩＤＥ

この問題を以前から取り上げてきたのは、何と言っても民主教育協会の機関誌「ＩＤＥ現代の高等教育」でしょう。大学改革が本格化する以前の10年間に、私が把握している限り2回の特集がありました。その一つは、Ｎｏ．２０２「大学の管理と事務」（１９７９）です。執筆者の立場によって、その書きぶりが異なることが面白いのですが、一口で言えば、教員の書いたものは理念的であり、職員の書いたものには教員に対する恨みつらみのこもったレポートといったニュアンスが感じ取られるものがあります。これらは、職員に関わる問題点の一面は捉えているものの、今日のような大学を巡る環境変化に関する認識がまだそれほど強くはなかった時代の議論であったと感じられます。二つ目のＮｏ．３１１「大学の運営と事務」(１９９０)も、若干の時代状況の変化はあるものの、基本的には同じであると思います。その後、１９９０年代も後半になると、大学改革全般の動きに合わせて、ＩＤＥの特集も実践的なものになってきたようです。例えば、Ｎｏ．３７６「大学におけるリーダーシップ」(１９９６)があり、Ｎｏ．４０９「大学のＳＤ」(２００２)においては、職員の能力開発の必要性、私立大学連盟、私立大学協会の職員研修事業、国立大学の事例などさまざまな観点からの、理論的、実践的論考が並んでいます。さらに進んで、Ｎｏ．４６９「ＳＤ／大学職員の能力開発」(２００５)やＮｏ．４９９「これからの大学職員」(２００８)においては、法人化や経営環境変化の中で現実化しつつあるニーズを踏まえて、さまざまな論者が大学職員の能力開発の現状や職員の役割への期待を論じています。さらにごく最近のＮｏ．５２３「プロとしての大学職員」(２０１０)では、大学職員の能力開発の方向を「プロフェッショナル化」であると捉えて、より積極的な見地から職員問題を捉えるなど、職員論はすっかりＩＤＥに定着した感があります。

(2)ＦＭＩＣＳの研究と実践

次に、ユニークな研究と実践で知られているのは、ＦＭＩＣＳ(高等教育問題研究会(まずはじめよう会）のニックネーム）です。この団体は大学職員の役割について強い意識を持つ若手私立大学職員によって、昭和56（1981）年に設立され、現在会員数400名を数えるまでになっています。年間何十回と開催される小さな研究会のほか、各地での合宿研修、また毎年夏の全国シンポジウムなどがあり、そこでの情報交換は、具体的な情報に乏しい私立大学事務職員の実態を考えるには貴重な情報源となっているのです。私自身、この会には1984年に入り、以来関わり続けてきています。当初は大学職員の立場の向上という問題意識が強烈でありましたが、現在はそれにとどまらず、大学経営に果す職員の役割について幅広い観点から検討を進めるなど、職員研究の一翼を担うまでに発展を遂げています。

（3）大学行政管理学会の発足

次に、学会レベルの活動として「大学行政管理学会」を挙げねばならないでしょう。この学会は、「大学の行政管理について実践的、理論的に研究し、大学行政管理にたずさわる人材の育成をとおして、大学の発展に寄与すること」（同会規則第2条）を目的として、平成9（1997）年に設立されました。初代会長は、慶應義塾大学の故孫福弘教授です。なお、創設の趣旨について、さらに次のような説明がなされています。

「我が国の大学組織においても「職員」が本来果すべき役割は極めて大きいはずです。しかし現実は残念ながら、大学内外を問わず「職員」の役割についての認知は未だ十分確立されているとはいいがたく、また、「職員」自体の自覚と意欲に関しても、また、それを担うに必要な資質・能力の点でも、問題なしとするには程遠いといわなければなりません。

このような理念と現状の認識の上に立って、プロフェッショナルとしての大学行政管理職員の確立を目指して、まずは「大学行政・管理」の多様な領域を理論的かつ実践的に研究することを通じて、全国の大学横断的な「職員」相互の啓発と研鑽を深めるための専門組織として、このたび「大学行政管理学会」を発足させる運びとなりました。」(大学行政管理学会誌創刊号に掲載の「大学行政管理学会開設趣旨の説明と参加の呼びかけ」より)と説明しています。同会が毎年一回発行する会誌には、事務職員の役割やその能力向上策を含めて、さまざまな観点からの研究成果が発表されているところです。

(4)日本高等教育学会での職員論

次に、「日本高等教育学会」です。この学会は、平成10(1998)年、「高等教育研究の推進及び研究成果の普及並びに会員相互の研究交流の促進」(同会会則第2条)を目的として設立された。「一般教育学会」から改称された「大学教育学会」と並んで、高等教育研究に係る代表的な学会となっています。ちなみに私は、この学会の設立呼びかけ人の一人で、現在までに、理事・事務局長および会長を務めています。同会の研究紀要である「高等教育研究」においては、これまでさまざまな特集を組んできていますが、中でも第５集（２００２年）は、「大学の組織・経営再考」を特集テーマとし、「大学を巡る環境変化の中で、これまでのような組織・経営体制のままで、この新しい局面に対処できるだろうか。経営危機を克服し、知識社会のなかで積極的に貢献しうる大学の組織・経営はどのようなものであろうか。学長のリーダーシップはどのように発揮されるべきか。経営を支える人材はどのように養成すればよいのであろうか。」などの問題意識の下に編集されています。第13集の「スタッフ・ディベロップメント」も職員問題の特集ですが、この問題が学術的な関心になったことを示していると言えるでしょう。このほか、「高等教育研究」に掲載された論文で職員に関係するものは幾つかあります。私もこれの第１集（１９９８年）、第５集（２００２年）および第12集（２００９年）に職員に関する論文を書いていますが、今後この分野の研究が活発になることが期待されます。

(5)広島大学センターの活動その他

なお、広島大学大学教育研究センターおよび改称後の同大学高等教育研究開発センターは、我が国における本格的高等教育研究の場としてすでに30年間の蓄積を持っています。ここから出た「大学職員研究序論」という研究叢書は、現時点での研究動向をまとめた好書です。また同大学が提供する大学院プログラムの中でも、この問題が取り上げられてきています。さらに、平成13(２００１)年度にわが国における最初の本格的大学職員能力開発のための大学院修士課程が、桜美林大学大学院国際学研究科大学アドミニストレーション専攻として発足しました。現在は、同大学大学院大学アドミニストレーション研究科として発展を遂げているところです。また、東京大学を始めいくつかの大学で、同様の大学院教育がなされるようになり、さらにさまざまな実践的研究も生まれようとしていますが、これらの活動については、また別の機会に論じることとしたいと思います。

なお、職員研究の本格化はこれからの課題ですが、今後の方向性を考える上で、研究だけでなく、その成果に基づく実践すなわち能力開発などの教育活動が欠かせません。言葉を変えて言えば、職員研究はその実践を前提としない限り成り立たないであろうということです。

例えば米国においては、少なからぬ大学が、高等教育関連のプロフェッショナル・スクールをもち、また、このようなスクールが存在可能なのは、修了者に大学の行政や管理運営の専門家としてのキャリアが開かれているためであるということを見ても、これを日本でも可能にするための社会的条件の成熟とともに、高等教育研究として見た場合には、研究と実践との結びつけが大切なのです。

4. 実態調査の結果から

以上のようなことがらを踏まえて、私は平成13年に全国のすべての大学(四年制)の事務局長と40歳台の中堅職員1,300名を対象に、また、平成15年には短大まで含めてすべての大学の事務職員5,000名を対象に、大学事務職員の現状や意識についてアンケート調査を実施しました。以下に平成15年度実施の調査結果の概要を紹介しましょう。

(1) 国公私立で異なる学歴、勤続年数

この調査を通じて、職員の学歴や勤続年数にかなりの違いがあることが分かりました。図表5―2は設置者別に見た職員の学歴構成です。国立大学では職員の3割強が高校卒業者であるのに対して、私立大学では四大で5パーセント、短大でも12パーセントにしか過ぎません。学歴と仕事の能力との関係は複雑ですから一概には言えませんが、私立大学は多数の潜在能力ある人材を抱えているのではないでしょうか。

もちろん学歴に差がある理由としては、国立大学の場合、公務員試験制度の下での職員採用であり、かつての初級職では高卒が基本であったからだと考えられます。また私立大学に大卒者が多いのは、いくつかの有力大学を調べて分かったことですが、自分のところの大学卒業者を多数採用している実態があるためではないかと考えています。ただ、大学教育の経験のない者が大学教育を考えるのはなかなか努力の要ることです。私自身、昭和47年に文部省に入ったとき、大学院改革の企画と事務をやらされて、自らの経験のない大学院というものをどのように考えたらよいか困惑した思い出があるからです。したがって、そのような職員には機会を与えて、大学教育に触れられるように配慮することも必要ではないかと考えています。

次に、図表5―3は設置者別に見た同一大学勤続年数です。これは国立、公立、私立で大

図表5－2　設置者別大学事務職員の学歴構成

最終学歴	国立	公立四大	公立短大	私立四大	私立短大	不明	総計
博士				7	1		8
修士	6	3	1	43	19		72
学士	192	169	72	1115	463	1	2012
短大／高専	41	32	18	186	229		506
高校	108	52	32	82	95	1	370
中学				1	1		2
不明				2	4		6
総計	347	256	123	1436	812	2	2976

(出典)山本眞一アンケート調査 2003 年

図表5－3　設置者別・職位別の同一大学勤続年数

職位	国立	公立四大	公立短大	私立四大	私立短大	不明	総計
理事			2.0	20.3	22.7		20.1
事務局長	1.9	1.9	1.5	15.4	11.6	34.0	10.4
部長	1.8	2.0		22.3	13.3		19.1
課長	9.4	3.2	2.6	19.2	14.7		16.1
課長補佐	23.4	3.0	2.6	18.1	14.5		15.9
係長	17.2	2.9	3.7	13.1	14.9		14.2
係主任	12.6	2.9	3.7	13.1	14.9		11.6
係員	5.1	3.4	2.4	7.1	8.1		6.6
その他		6.0	2.3	11.5	10.6		10.7
不明	11.0	2.5		8.4	10.3		8.6
総計	10.6	3.0	2.9	13.7	12.0	34.0	11.6

(出典)図表5－2と同じ。

きな違いがあります。私立大学は、多少は途中採用があるようですが、おおむね若いときに就職して長く同じ大学に勤める人が多いようで、職務のランクが上がるにつれて勤続年数が長くなる傾向にあります。まったく対照的なのが公立大学です。すべてのランクの職員について勤続年数が大変短いのです。これは、大学事務局に勤務する職員の全員あるいはそれに近い数が、県庁のお役人であって、一時的に大学に回ってきているという実態があるからです。職員の専門性の確保という点ではいろいろ問題があり、そういう意味で改善が必要なところです。

国立大学は、課長補佐までのところは上位になるにしたがって勤続年数は長くなっていますが、課長から上は勤続年数が短くなっています。これは、国立大学独特の人事システムの影響なのです。それはどういうことかと言えば、国立大学事務局の若手職員の中から選ばれた者を文部省(文科省)に転任させ、いわゆる本省業務を経験させた後、40歳前後で各地の国立大学の課長として送り出し、彼らはその後全国の大学を異動しつつ仕事をすることになっているからです。したがって課長以上の職員は、全国視野で仕事ができるという面では優れた資質を持っていますが、他方、当該大学の立場に立って仕事ができる年数が限られてしまうというデメリットもあります。法人化によって、これまで文科省が持っていた彼らの人事権が学長に移りましたので、今後このシステムがどの程度維持されていくのか注目されるところです。

（2） 能力向上策への関心は高い

職員のプロフィールに加えて、職員の能力開発のための大学院の設置について、大学院設置が有効か既存の研修プログラムが有効かを聞いたところ、国立では7割、私立大学では6割を超える者から大学院の方が有効との回答を得ました。このことは、既存の研修プログラムのあり方やその改革方向にも何らかの示唆を与えるものと思います。ただし、大学院設置が有効と答えた者でも、実際にそこで学ぶかというと、学びたいが現状では困難としている者が、学びたいとしている者よりも多かったは、気になるところですが。確かに期待されている職員であればあるほど現実は超多忙であるという実態がありますので、彼らが学べる環境を整える必要があると考えています。

さて、平成15年の調査では、将来大学院プログラムが開設された場合に置かれる授業科目を想定して、25の科目名を挙げて、それへの関心度を聞いてみました。それが図表5―4です。高い人気を得たのは、危機管理とか目標・評価など具体的・実務的な問題に特化したような科目でした。早計は危険でしょうが、どうやら従来からの高等教育研究の領域からだけでは、学生たる職員に満足の行くカリキュラムは組めそうもないということも分かってきました。ビジネスや経済、法律など幅広い領域から提供される授業科目により、実務に役立つ

図表５－４　科目別関心度

科目名	あり	どちらかといえば、あり	どちらかといえば、なし	なし	不明	合計	平均
大学の危機管理	1589	1024	207	44	112	2976	1.55
大学の目標・評価・企画	1622	949	216	72	117	2976	1.56
大学の広報・情報公開	1467	1147	208	45	109	2976	1.59
入試・学生募集	1527	1029	252	58	110	2976	1.60
学生・就職サービス	1532	1016	250	63	115	2976	1.60
大学の情報化対応	1387	1218	200	49	122	2976	1.62
大学の運営・経営概論	1484	977	303	87	125	2976	1.65
財務・会計	1393	1100	317	62	104	2976	1.67
人事・労務	1390	1106	301	71	108	2976	1.67
大学の役割・機能	1366	1143	286	72	109	2976	1.67
法務知識	1344	1156	283	68	125	2976	1.68
大学の国際化対応	1078	1320	381	73	124	2976	1.81
教育研究支援事務	1064	1292	428	64	128	2976	1.82
高等教育政策	1073	1264	420	87	132	2976	1.83
大学経営人材論	1159	1154	411	135	117	2976	1.83
大学の知的財産管理	1026	1333	423	66	128	2976	1.83
経営学・経営理論	1098	1109	519	135	115	2976	1.89
英文作成・英会話	962	1211	538	134	131	2976	1.95
簿記・会計	863	1281	581	127	124	2976	1.99
経済・時事問題	757	1378	577	134	130	2976	2.03
知識社会と大学	692	1428	592	104	160	2976	2.04
政策形成・分析法	849	1138	677	168	144	2976	2.06
諸外国の外国	731	1344	628	148	125	2976	2.07
科学技術と大学	480	1321	880	151	144	2976	2.25
大学の歴史・制度	519	1200	896	214	147	2976	2.28

(出典)図表５－２と同じ。

カリキュラムを作らなければならないのではないかと考えています。もっとも、科目の人気度だけではカリキュラムは決まりません。今後提供されるべき授業科目の中で、当面は地味なものでも、将来の大学の在り方を考えるには必要不可欠なものがあるはずであると、私は考えています。

第六章　すぐれた大学職員となるために

1. 大学経営専門職（アドミニストレータ）への期待

さて、私たちは今後、意欲のある職員、そして学長や理事、副学長などトップマネジメントを支えることのできる能力を備えた職員をどのようにして養成すればよいでしょうか。また、職員の立場からすると、どのようにしてキャリアアップに必要な資質・能力を養えばよいのでしょうか。それには既存の研修活動や、大学院での訓練を含めてさまざまな方策が考えられるでしょうが、まずは職員自身にこれらの新たな状況に備えて努力しようという意欲が必要でしょう。その意味で、職員の基礎的資質として重要なものは、新たな状況にチャレンジできる積極性ではないでしょうか。私には、常日頃から言いつづけていることがあります。それは、教員や学生さらには社会の各方面からの依頼に対して、「できません」と答えるのではなく、「やってみましょう」と言えるだけの自信と能力が必要である、ということです。しかしその自信には何らかの裏づけが必要です。それが日頃からの努力の蓄積というものでしょう。

第一章で述べたとおり、かつては大学経営者や教員の下支え程度の意味合いしか与えられてこなかった職員に、いま大きな期待が寄せられつつあるのです。どこかで聞いたような言い方をすれば、「職員改革なくして大学改革なし」というショート・フレーズがこれに対応するでしょう。つまりは、職員に出番が回ってきたということなのです。ただしその出番を待つ職員に対しては、二つの異なる見方があるようです。

第一の見方は、「職員にはこれまで不当に小さい役割しか与えられず、有能な職員の活躍の場がなかったが、彼らに活躍の場を与えることによって、大学経営に新たなパワーアップが図れるはずである」というものです。今、多くの職員の方、そして特にこの本を手にとってお読みいただいている方は、このような見方をされていると思います。確かに、大学経営あるいは日常の大学運営に関して高い志をもつ職員にとっては、教授会中心でしかも教員優位の大学運営システムの中では、自らの立場を確認するたびに息苦しさを覚えて来られたことでしょう。

私がかつて課長として赴任した国立大学では、「教官」と「職員」の二つの階層があって、職員はあくまでも先生方のお手伝いをするものであり、独自の判断などはとんでもないことであると思われていたことは、第一章で紹介した通りです。そのことに対して、私はそれまでの学生経験および文部省勤務経験とのあまりにも大きな落差に呆然とした記憶があります。

ちょうどその頃知り合った私立大学の若手職員の勉強会「まずはじめよう会」（後年「ＦＭＩＣＳ」と呼ばれる研究会に発展。第五章参照。）メンバーの活動も、私立大学において同じような職員の境遇に不満と憤慨をもつ若手職員の熱い志の結果であったと承知しております。

そのような志とそれを裏打ちする能力をもった職員に、活躍の場を与えることは非常に重要なことであると私は思っております。第一、彼らは大学経営を、学問上の専門分野にとらわれることなく、公平かつ広い視野で眺めることができます。大学内部の資源獲得競争つまり学内政治の激化は、法人化以降の国立大学経営にとって最大の試練ではないかと私は考えておりますが、教員ならば避け得ないこの種の宿命を、職員であれば避けることができるでしょう。しかも職員はフルタイムで大学経営に参画することができるのです。教員のように「雑用」とこれを蔑む必要は全くありません。的確で良質な大学経営が期待できるというわけです。

しかし、第二に大きな問題があるのも確かです。それは、職員のすべてが果たして「志と能力のある人材」であるかどうかです。大学職員問題を職員側ではなく、教員側から見た場合にいつも問題になるのはこの点なのです。よく言われることは、職員が法令や学内規則に囚われるあまり、柔軟な発想ができないという教員側あるいはトップマネジメントからの不満です。また、柔軟な発想ができないということだけならまだよいのですが、そもそも新しい仕事にチャレンジする意欲に乏しいということは、しばしば語られる大学職員像になっています。おそらくこれは、大学職員の採用時の動機やその後の職場環境によって、長期にわたり醸成されてきた雰囲気が関係しているのでありましょう。つまり大学職員という仕事が、安定的で確実な職場であるから選ばれるという実態のことを指しているのです。

そのような安定的で確実な職場であれば、能力向上の意欲、あるいは立場改善の志は低い方向に向きやすいのです。これは何も大学だけではなく、広く公務員の世界あるいは公務員的な世界に見られる特徴であるからです。読者の皆さんは、世の中のあらゆるところで、如何に公務員的な環境が人々の職務態度に、ときによっては人格にさえも影響を及ぼすことを実感されているのではないでしょうか。

そのような雰囲気によって育てられた職員に、大学が変化するダイナミックな職場であると認識させることは、なかなかに難しいのです。私は、前任地の筑波大学で6年間にわたり、大学経営人材養成のための短期集中公開研究会を開催し、そのたびに熱心な大学職員の参加に感銘を受けているのですが、他方で、このような研究会に来ない職員は、一体どのような意欲と能力をもった人々であろうかと思いをめぐらすこともあります。研究会に来ないような多数のその他職員にも何らかのインセンティブを与える努力が必要なのではないかと思っております。

以上、第一の意味合いから考える職員像と、第二の意味合いから浮かび上がってくる職員像とは大幅に異なるのです。つまり、これからの職員論を展開するには、このどちらの職員像をメインにするか、あるいはこのどちらも正しい職員像であることを前提に、そのミックスを考えるかが問題になるでありましょう。

2. 職員に望まれること

このような変化が激しい時代にあって、大学職員にはどのような資質が求められるでしょうか。その第一は、時代の難しさを、知識社会の本質や少子化の現実から時代の難しさを認識し、大学として解決すべき課題が何かを正しく捉えられる能力です。知識社会も少子化も、中長期的社会変化であり、大学改革や経営にとって構造的要因となります。この構造的要因にどのように対処するかを考え、かつ考えられる職員になりたいものです。また、このような問題については、教員と対等に話しができるような知識と分析力を持つことが望まれるところです。

第二に、教育の工夫改善を始めとする学生サービスの向上策を正しく捉えられる能力です。そのためには、自身の勤務する大学でどのような教育内容が提供されているかを知る必要があります。ある程度の専門的知識も必要でしょう。なぜならば、企業の営業活動にとってその企業が取り扱う商品に関する知識が必要不可欠であることを思い起こしてみてください。売るべき商品の中身を知らないで、果たして顧客に向かい合える営業社員はいるでしょうか。ところが、大学については、教育研究の中身を知らなくても、学生サービスはできるというようなことを考える職員あるいは教員がいるのではないかと私は心配しています。教員と職員が摩擦なく棲み分けることを考えれば、その方が好都合なのかも知れませんが、これからの大学経営には、教員と職員との協働関係が必要なのです。職員も教員の教育内容を知らなければなりません。

第三に、常に新しい事務分野に興味を持ちつづけることです。大学勤務に慣れてくると、人の常として、どうしても保守的になり新しい仕事を敬遠しがちになります。しかし未経験だからといって躊躇してはなりません。未経験な事務分野であっても、それを学ぼう、研究しようという積極的な態度が必要です。私は以前から、教員に難しいあるいは面倒な事務処理を任せるような職員であってはならない、そのような事務分野には、新たな大学経営の発展の芽が隠されているものである、といい続けています。どうか皆さん、新しい事務分野を積極的に発掘してほしいものです。

なお知識社会は、同時にグローバル化を伴いつつ進行中ですから、これからの大学経営は国内のみを視野におくだけでは不十分です。競争相手は国内の大学だけではありません。海外には多くの野心的大学があって、虎視眈々と日本の大学市場を狙っているのです。彼らの行動如何によっては、我が国の大学に深刻な打撃が及びかねないわけで、競争に負けないよう、世界の高等教育の動向にも目配りのできる職員でありたいものです。

3. 教育研究と財務・総務との関係

前節で、自身の勤務する大学でどのような教育内容が提供されているかを知る必要があると書きました。これは一見どうということはないように思えて、実はこれからの職員のあり方を考える際に実に重要なことなのです。

第一に大学の最も大切な業務な何か、ということに関わります。大学の最も大切な業務は、言うまでもなく教育と研究です。それに社会貢献が最近はウェイトを大きくして来ました。いずれの業務も専門性に裏づけられた中身のある仕事です。昔でしたら、これは教員にしかできない業務であると考えても何ら不思議はありません。しかし、これからは職員もこの仕事に何らかの形で関わる方策を考えなければなりません。たとえば、学生に分かりやすく、役に立つ教育課程を提供するにはどうすればよいでしょう。教育課程は大学の最も重要な「商品」として、経営問題からも重視すべきことがらなのではないでしょうか。未だに授業科目の開設は教員の「権利」であると考えているような人たちだけに、この問題の検討を委ねて大丈夫でしょうか。学生の目線で物事を考え、かつ専門分野の利害にとらわれることのない職員が、たとえば「カリキュラム・デザイン」の専門職として、そういう議論に加わることが必要なのではないでしょうか。

第二に、大学の総務や財務は何のためにあるのかということです。言うまでもなく、教育研究や社会貢献が円滑に運ぶための支援がその主目的でしょう。つまり、教育研究が目的であり、総務や財務はその手段なのです。ところが、職員の世界とりわけ国立大学の職員の世界では、総務や財務は職員のうちでも最優秀と目される人材を充て、本当ならば一番気を使わなければならない学生サービスや研究支援事務には、それ以外の職員を持ってくるというまことに困った傾向があります。第五章で私が触れたアンケート調査でも、私立大学の事務局長は、そういう教務的事務の経験がある人が比較的多いのですが、国立大学では総務や財務系の仕事をして幹部に上がってきた人が多いことが確認できます。

もちろん財務や総務もしっかりやってもらわなければなりませんが、優秀な人材を集めれば集めるほど、この分野の事務が自己目的的に走る傾向は否めません。しかし、財務や総務の仕事を上手にやるために、教務や研究支援事務を、あるいは教育や研究そのものをこの仕事に合わせるべきだ、とまで考えるのは明らかに誤りでしょう。その意味で、関係者とくに幹部職員はこのことをよく理解しておくことが大切です。

4. 教職協働について

近年、職員の大学運営への関わり方について、「教職協働」が注目を集めています。つまり、これからの大学運営は、それが総務・財務系であれ教務・学生系であれ、教員と力を合わせて行うべきだという考え方です。しかもそれは、単なる役割分担であってはならないのです。私は、教職協働というからには、当該業務に関する目標や目的を共有して、それぞれが仕事をするような、一体感のある協働でなければならないと考えております。その点、職員と教員の意識が、今なおすれ違っているような気がしてなりません。前章で職員の実態に関する私のいくつかの調査結果を紹介しました。ここでは、私の研究活動における最新のデータの一部を紹介しましょう。

このデータは、平成23年2月に全国の国公私立大学の役員、教員および職員に対して、彼らのプロフィールや大学経営人材に対する意識などを調査したもので、約2,300人から回答を得たものです。調査は、役員(学長・副学長・理事など)、部局長(学部長・研究科長など)、一般教員(教授・准教授など)、幹部事務職員(部課長・課長補佐以上)、一般事務職員の5つの異なるカテゴリーの人々に対して行いました。これは、従来の調査では主に職員に対する調査でしたが、大学運営のよりリアルな実態を把握するには、役員や教員の実態と意識を把握することも必要と判断したからです。

図表６－１　役員、教員および職員の能力開発についての意見

項目	意見等	役員	部局長等	一般教員	幹部職員	一般職員	全体
1. 役員の能力開発	とても必要	73.9	69.7	69.3	69.1	64.5	69.9
	必要	24.2	27.8	25.9	25.9	31.6	26.5
	必要でない	1.1	0.2	0.0	1.0	1.3	0.7
	分からない・その他	0.9	2.3	4.8	3.9	2.6	2.8
2. 教員の能力開発	とても必要	37.1	30.9	32.8	39.4	34.2	35.8
	必要	57.3	62.0	59.0	53.1	56.1	57.0
	必要でない	3.2	4.6	1.0	3.1	3.5	3.2
	分からない・その他	2.5	2.5	7.2	4.5	6.1	4.1
3. 職員の能力開発	とても必要	63.6	45.6	44.8	68.4	60.5	58.5
	必要	34.9	52.1	50.7	30.0	37.3	39.3
	必要でない	0.2	1.0	0.0	0.0	0.4	0.3
	分からない・その他	1.4	1.2	4.5	1.6	1.8	1.9
4. 総務系の業務処理	教員の企画	2.1	8.0	5.2	0.1	0.9	3.0
	教職協働	45.0	65.6	63.8	31.4	33.6	46.7
	職員の企画	52.9	26.4	31.0	68.5	65.5	50.3
5. 教務系の業務処理	教員の企画	33.6	40.4	40.0	19.3	19.7	30.2
	教職協働	63.5	58.4	56.2	78.0	76.0	67.1
	職員の企画	2.9	1.2	3.8	2.8	4.4	2.8
6. 自己啓発	経営専門書	44.3	19.7	15.5	26.1	21.9	27.5
	大学問題の専門書	66.9	53.1	42.1	43.9	32.5	50.3
	新聞やニュース	81.3	76.3	67.6	71.1	58.8	73.1
	研究会参加	47.5	29.5	24.5	33.7	25.9	34.2
	大学院での学習	2.5	0.2	0.7	3.2	7.0	2.4

(出典)山本 2011 年調査。数値は、それぞれのカテゴリーごとのパーセントである。

結果は、大変興味あるものでした。まず、役員、教員および職員に対する能力開発が必要かどうかを聞いたところ、全体としては、能力開発が必要であるとする者が大多数でしたが、各項目について微妙な差異が見られます。すなわちそれぞれの能力開発を「とても必要である」とする者が、役員については全体の70パーセント、職

員については59パーセントであるのに対し、教員については36パーセントにとどまっていること、役員の能力開発を「とても必要である」とする比率は役員自身が一番高い（74パーセント）のに対して、教員の能力開発については、教員自身が指摘する比率が相対的に低い（部局長等で31パーセント、一般教員で33パーセント）ことです。これらは大学経営に対する責任感あるいは必要性の違いの表れであると解釈できるでしょう。

教職協働に関しても、カテゴリー別に回答者の意識の差異が見られます。総務系の業務処理について、部局長や一般教員は「教職協働」を挙げる者が一番多いですが、幹部職員や一般職員は「職員の企画」を一番に挙げる者が多いのです。また、教職協働に適すると思われる教務系の業務処理については、「教員の企画」を挙げる部局長や一般教員が、幹部職員や一般職員に比べて遥かに多く、業務の分担や協力関係について、教員と職員との意識に大きな差があることを窺わせます。

なお、自己啓発の実践状況を聞いたところ、「大学院での学習」以外では、役員の実践比率が一番高く、また教員も部局長や一般教員を問わず高い傾向にあり、一般職員においてその比率が相対的に低い状況が現れています。一部に熱心な職員がいることは承知しつつも、このことは将来の大学経営人材養成のあり方を考える上でも参考になることでしょう。

5. 基本的能力の習得方法

さて、職員の能力向上のためには、どのような方策が有効でしょうか。これまで各大学で行われてきた職員研修の類の多くは、第一節で論じた職員像のうち、第二の意味合いに近いものを前提に組み立てられてきたのではないかと思います。高等教育政策の概要の説明を聞き、また当該大学の事務上の懸案や、各部各課の所掌事務の説明を受ける、などのパターンはまさにそのような職員像とそのことを前提とした能力向上策に適した研修形態です。職員の態度はややもすれば受身がちであり、資料をもらえばそれで分かったつもりになって安心する、という風になってしまうことが多いのではないでしょうか。

しかし、第一の意味合いを前提とした職員能力開発方策は、以上のものとは大幅に異なったものになるでしょう。その重要な構成要素は、問題解決能力の向上です。危機管理の方策や財務・労務の知識と運用能力などもそれに含まれるでありましょう。つまり、大学というところは、十年一日の事務処理の世界ではなく、知識社会の中でその主導権を獲得すべく日々変化するダイナミックな組織体であるという認識が、その根底になければならないのです。

そのような内容を含む能力向上方策は、単なる研修だけでは不十分です。ある一定期間これを集中して学べる機会が必要であり、そこに大学院プログラムの存在意義があるのではないかと、私は考えています。ただし、その大学院プログラムにおいて教育を担当する教員スタッフの確保は容易ではないでしょう。志と能力を有する大学職員に、幅広い大学問題の理解を前提に、問題解決能力を教える教員は、残念ながら現時点では明らかに不足しているのです。まずは教員の発見と確保から入っていかなければならないのです。もちろん、狭い専門分野に囚われなければ、教員の発見と確保は可能であると信じています。

次に、職員個人の立場でできる能力向上方策について、私の考えの一端を述べてみたいと思います。今から20年以上前になりますが、当時「サラリーマンの知的生産技術」というようなことがはやったことがあります。テープレコーダーやB6版のカード、新聞の切り抜き帖とかさまざまな道具にこだわって、結局は失敗した方も多いのではないかと思います。しかし今や古典の部類に属すると思われる梅棹忠夫著「知的生産の技術」は、知識や技術をどのようにして自分のものとして習得すべきか、それまでに考えたことのなかった観点からさまざまなヒントを読者に与えてくれます。コンピュータ時代の現在でも通用する考え方が満載ですから、ぜひご一読をお勧めします。

その知的生産の技術は、パソコンが普及した現在、当時では難しかったさまざまな技法に応用することができます。情報の収集は、インターネットの普及により誰にでも容易にかつ大量に行うことが可能になりました。以前は、新聞の切り抜きなどが情報収集の重要な手段であったのですが、当時ですら切り抜いた記事の一体何パーセントほどを後から使うのだろうかと疑問に思ったものですが、他に手段がなかったので、ひたすら蓄積のための作業を続けざるを得ませんでした。今は、知りたいときに大量の情報にアクセスすることができます。オン・デマンドの情報収集が可能になったのです。むしろ的確な情報を得るにはどうすればよいかという情報選択の時代になってきているとも言えるでしょう。また、情報の保存も昔でしたらファイリングの技術ということで、整理下手の私などは苦手中の苦手でしたが、今ではパソコン内に大量の情報を蓄積することが可能です。

長々と述べたのは、要するに、皆さんの個人的学習環境は以前とは比較にならないほど改善され、勉強をしたい人にとってはいくらでも勉強が可能という大変幸せな時代になってきたことを言いたかったのです。それに加えて、職員の皆さんの職場は、大学の図書館というこれまたすばらしいインフラを備えています。大学によって扱いは違うでしょうが、読書の機会は普通のサラリーマンに比べて格段に恵まれていると言えるでしょう。また、皆さんの周りには教員という各分野の専門家が多数いるのです。管理運営という面だけではなく、専門家として教員から話しを聞く機会があってもよろしいのではないでしょうか。

但し重要な注意点があります。それは、皆さんたちの勉強は、あくまで実践的なものであるべきであろうということです。教員は各分野の専門家であることは間違いないのですが、だからといってその分野の実際問題を解決するだけの実践力があるかというと、必ずしもそうではありません。机上の空論というものがありますが、議論がアカデミックになればなるほど議論そのものが目的化する傾向があります。教員はそれでも専門分野の同業者の評価が重要ですから、その「空論」の追求についついこだわってしまうわけですが、職員の皆さんまでがこれの真似をする必要はないと思います。皆さんには、ぜひ現実問題の解決のための勉強をするのだと肝に銘じて励んでもらいたいのです。

6. 経営合理化の波に取り残されないために

さて、本書も終わりに近づきました。皆さんはどのような思いで本書をお読みいただきましたでしょうか。その皆さんの職場には、いま経営の効率化・合理化という波が押し寄せてきていると思います。これは別に大学に限ったことではありません。企業においても、また公務員の世界においても同じように起きつつある問題です。

その中で考えなければならないことの一つに、アウトソーシングの問題があります。職員の中には、アウトソーシングによって自分たちは面倒な仕事をしなくて済むようになったと喜んでいる人はいませんか。確かに面倒な仕事をやらずに済むということは幸せなことかも知れません。しかし、もともと経営者や管理者が事務のアウトソーシングをしようという動機にはさまざまなものがあります。おそらく二つの観点があります。その一つは極めて専門性が強く、内部に適当な人材がいない場合です。情報処理や国際対応などはその一つの例かもしれません。もう一つは逆に単純業務であり、人件費の高い専任職員にやらせるのはもったいないので、外部委託するというものです。

この両方にはさまれて、専任でなければできない領域に限って職員にやらせようというのが最近の傾向になっています。しからばその専任でなければできない領域というのは一体何でしょうか。私は、それは当該大学の経営判断であるとか、基幹的管理業務、秘密保持を要する事務あるいは長年の経験がないとできないさまざまな支援業務などがそれに当たるのではないかと考えています。逆に言えばそういう業務以外の業務を今やっておられる方は、将来アウトソーシングの対象になってしまう恐れがあります。

もっとも大学が使いたいさまざまな専門職は、アウトソーシングの時代になっても仕事にあぶれる心配はないでしょう。場合によっては、皆さんがそのアウトソーシングの当事者として、さまざまな大学の業務を引き受けることでさえこれからは起こってくるのではないでしょうか。専門職の中には、このように大学から大学へと自由に異動可能な専門性という視点で捉えるのがふさわしいものもあるはずです。

したがって、もし皆さんがほかの人にはできない専門性があるとお思いであれば、アウトソーシングの時代の到来を恐れることはありません。そのような人材は、大学がずっと抱えておきたい人材であるはずですし、またそのような人材を持っていない大学にとっては、ぜひとも採用したい人材であるからです。しかし当面そのような専門性に自信のない方にとっては、これからできるだけ短期間に努力を重ねて、専門性を強化する必要があるでしょう。

ただ、専門性ということを狭く解釈することは危険です。私は、専門性には二種類あって、一つは財務だとか労務だとか、あるいは国際業務だとか危機管理の専門職だというようにある分野の専門性のことです。もう一つは、具体の問題が起きたときそれを解決できる能力であるとか、大学の将来戦略を策定できるような能力のことです。後者の場合は、したがって広い視野と汎用的能力を持つ人材ということになります。言葉を変えて言うなら、優れたジェネラリストとでも呼ぶべき人材です。

いずれにしても、大学を巡る諸環境はこの20年間で大きく変わりました。そしてこれからの20年はもっと大変なことになるでしょう。つまりこれまでの20年間、とりわけ１９９０年代初頭の改革開始から２００５年の中教審将来像答申までの15年間は、主として高等教育の制度の枠組みを変えようという改革でした。総論と各論に分けるなら、総論部分の改革論議とその実行があったわけです。しかしこれから後の期間、つまり２０２０年に18歳人口が再び減り始めるまでの期間は、それぞれの大学が教育研究の充実と経営体質の抜本的改革をめざして、血の出るような改革を行ういわば各論部分の話になるわけで、それだけ職員の役割にかける期待は大きくなるはずです。大きくなる期待に応えられる人材に皆さんがなれるかどうかが、皆さんが大学経営専門職すなわち大学アドミニストレータとして成長できるかどうかの分かれ目になります。ぜひとも努力を重ねていただきたいと申し上げて本書を閉じることにいたしたいと存じます。

参考資料

<高等教育に関する基本統計データ>

1)　平成22(2010)年の学校数、学生数、教員数、職員数(学校基本調査)

		学校数	学生数	教員数	職員数
大学	計	778	2,887,414	174,403	203,389
	国立	86	625,048	61,689	64,974
	公立	95	142,523	12,646	12,965
	私立	597	2,119,843	100,068	125,450
短期大学	計	395	155,273	9,657	5,168
	国立				
	公立	26	9,128	692	259
	私立	369	146,145	8,965	4,909

2)　大学・短大進学率の推移　(学校基本調査)

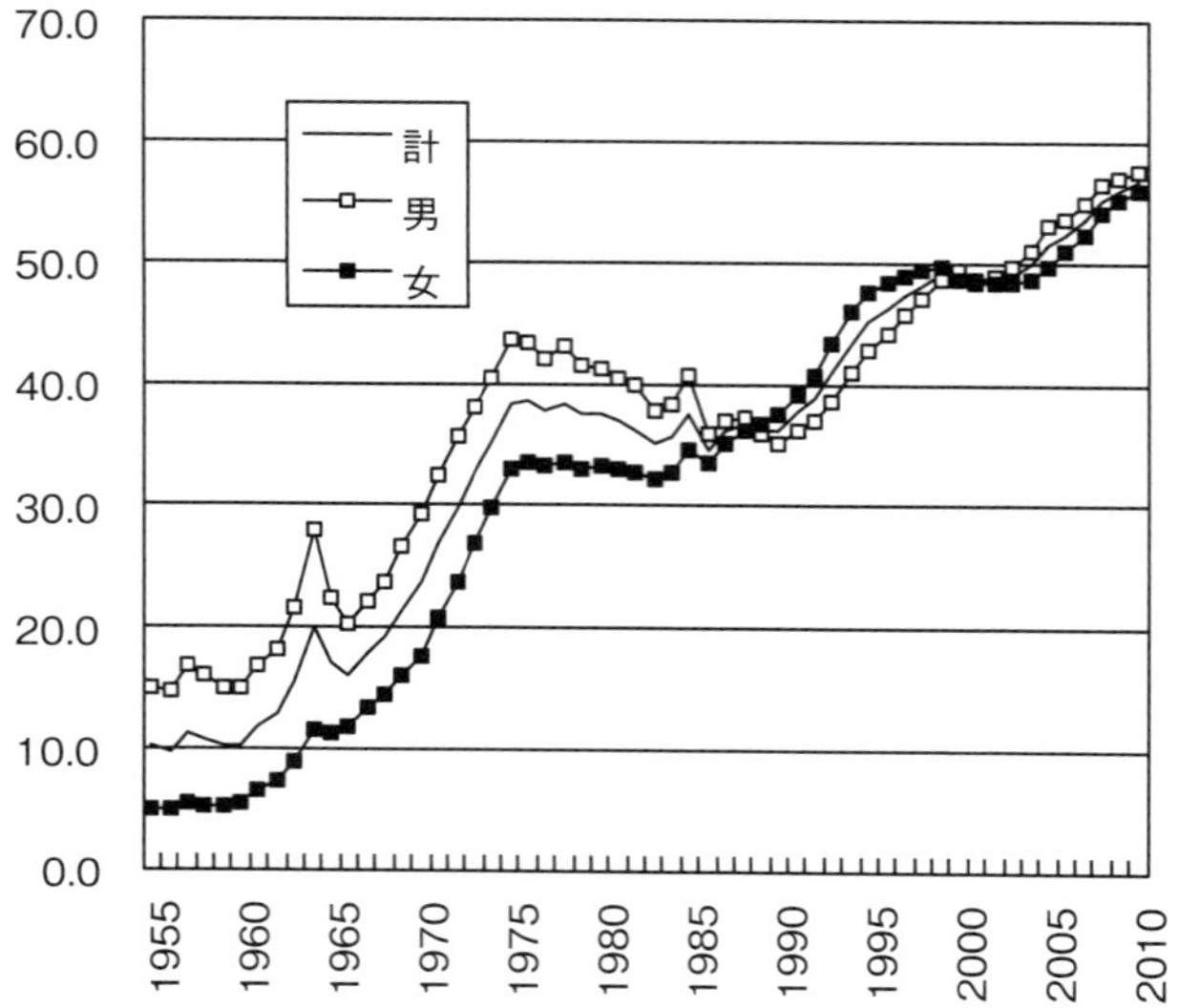

3) 高等教育関係重要年表

1872	学制頒布
1877	東京大学創設(法・理・医・文の 4 学部)
1886	帝国大学令公布(東京大学を帝国大学に改編)
1894	高等学校令公布
1903	専門学校令公布
1918	大学令公布(公私立大学を認める)
1920	官立大学(東京商科大学等)設置および大学令による私立大学認可相次ぐ
1943	師範教育令改正(師範学校の国立移管と高等教育機関への昇格)
1946	日本国憲法公布
1947	教育基本法および学校教育法公布
1949	新制大学が全面発足
1956	大学設置基準公布
1971	中教審 46 答申
1973	筑波大学設置(国立学校設置法改正による新構想大学)
1974	大学院設置基準公布
1975	専修学校制度発足、私立学校振興助成法公布
1976	高等教育計画開始(大学等の新増設抑制と地方分散)
1983	放送大学設置
1987	臨時教育審議会最終答申
1991	大学設置基準等の大綱化(教養教育区分廃止、自己点検・評価等)
1996	第一期科学技術基本計画開始(科学技術と大学の研究との緊密化)
1998	大学審議会答申(21 世紀の大学像～競争的環境で個性輝く大学)
2001	中央省庁の再編統合(文部科学省の成立)
2003	専門職大学院制度の創設(新たな種類の大学院課程)
2004	国立大学の法人化(国立大学法人) 認証評価制度の実施(すべての大学・短大に 7 年に一回義務付け)
2005	中教審答申(我が国の高等教育の将来像)
2008	中教審答申(学士課程教育の構築に向けて)
2011	中教審答申(グローバル化社会の大学院教育)

関係法令（抜粋）

Ⅰ　日本国憲法

第十九条　思想及び良心の自由は、これを侵してはならない。

第二十条　信教の自由は、何人に対してもこれを保障する。いかなる宗教団体も、国から特権を受け、又は政治上の権力を行使してはならない。

2　何人も、宗教上の行為、祝典、儀式又は行事に参加することを強制されない。

3　国及びその機関は、宗教教育その他いかなる宗教的活動もしてはならない。

第二十一条　集会、結社及び言論、出版その他一切の表現の自由は、これを保障する。

2　検閲は、これをしてはならない。通信の秘密は、これを侵してはならない。

第二十三条　学問の自由は、これを保障する。

第二十六条　すべて国民は、法律の定めるところにより、その能力に応じて、ひとしく教育を受ける権利を有する。

2　すべて国民は、法律の定めるところにより、その保護する子女に普通教育を受けさせる義務を負ふ。義務教育は、これを無償とする。

第八十九条　公金その他の公の財産は、宗教上の組織若しくは団体の使用、便益若しくは維持のため、又は公の支配に属しない慈善、教育若しくは博愛の事業に対し、これを支出し、又はその利用に供してはならない。

Ⅱ　教育基本法

第七条　大学は、学術の中心として、高い教養と専門的能力を培うとともに、深く真理を探究して新たな知見を創造し、これらの成果を広く社会に提供することにより、社会の発展に寄与するものとする。

2　大学については、自主性、自律性その他の大学における教育及び研究の特性が尊重されなければならない。

第八条　私立学校の有する公の性質及び学校教育において果たす重要な役割にかんがみ、国及び地方公共団体は、その自主性を尊重しつつ、助成その他の適当な方法によって私立学校教育の振興に努めなければならない。

Ⅲ　学校教育法

第十五条　文部科学大臣は、公立又は私立の大学及び高等専門学校が、設備、授業その他の事項について、法令の規定に違反していると認めるときは、当該学校に対し、必要な措置をとるべきことを勧告することができる。

2　文部科学大臣は、前項の規定による勧告によってもなお当該勧告に係る事項（次項において「勧告事項」という。）が改善されない場合には、当該学校に対し、その変更を命ずることができる。

3　文部科学大臣は、前項の規定による命令によってもなお勧告事項が改善されない場合には、当該学校に対し、当該勧告事項に係る組織の廃止を命ずることができる。

4　文部科学大臣は、第一項の規定による勧告又は第二項若しくは前項の規定による命令を行うために必要があると認めるときは、当該学校に対し、報告又は資料の提出を求めることができる。

第八十三条　大学は、学術の中心として、広く知識を授けるとともに、深く専門の学芸を教授研究し、知的、道徳的及び応用的能力を展開させることを目的とする。

2　大学は、その目的を実現するための教育研究を行い、その成果を広く社会に提供することにより、社会の発展に寄与するものとする。

第八十四条　大学には、学部を置くことを常例とする。ただし、当該大学の教育研究上の目的を達成するため有益かつ適切である場合においては、学部以外の教育研究上の基本となる組織を置くことができる。

第九十二条　大学には学長、教授、准教授、助教、助手及び事務職員を置かなければならない。ただし、教育研究上の組織編制として適切と認められる場合には、准教授、助教又は助手を置かないことができる。
2 大学には、前項のほか、副学長、学部長、講師、技術職員その他必要な職員を置くことができる。
3 学長は、校務をつかさどり、所属職員を統督する。
4 副学長は、学長の職務を助ける。
5 学部長は、学部に関する校務をつかさどる。
6 教授は、専攻分野について、教育上、研究上又は実務上の特に優れた知識、能力及び実績を有する者であつて、学生を教授し、その研究を指導し、又は研究に従事する。
7 准教授は、専攻分野について、教育上、研究上又は実務上の優れた知識、能力及び実績を有する者であつて、学生を教授し、その研究を指導し、又は研究に従事する。
8 助教は、専攻分野について、教育上、研究上又は実務上の知識及び能力を有する者であつて、学生を教授し、その研究を指導し、又は研究に従事する。
9 助手は、その所属する組織における教育研究の円滑な実施に必要な業務に従事する。
10 講師は、教授又は准教授に準ずる職務に従事する。

第九十四条 大学について第三条に規定する設置基準を定める場合及び第四条第四項に規定する基準を定める場合には、文部科学大臣は、審議会等で政令で定めるものに諮問しなければならない。

第九十五条 大学の設置の認可を行う場合及び大学に対し第四条第三項若しくは第十五条第二項若しくは第三項の規定による命令又は同条第一項の規定による勧告を行う場合には、文部科学大臣は、審議会等で政令で定めるものに諮問しなければならない。

第九十六条 大学には、研究所その他の研究施設を附置することができる。

第九十七条 大学には、大学院を置くことができる。

第九十九条 大学院は、学術の理論及び応用を教授研究し、その深奥をきわめ、又は高度の専門性が求められる職業を担うための深い学識及び卓越した能力を培い、文化の進展に寄与することを目的とする。
2　大学院のうち、学術の理論及び応用を教授研究し、高度の専門性が求められる職業を担うための深い学識及び卓越した能力を培うことを目的とするものは、専門職大学院とする。
第百一条　大学院を置く大学には、夜間において授業を行う研究科又は通信による教育を行う研究科を置くことができる。
第百九条　大学は、その教育研究水準の向上に資するため、文部科学大臣の定めるところにより、当該大学の教育及び研究、組織及び運営並びに施設及び設備(次項において「教育研究等」という。)の状況について自ら点検及び評価を行い、その結果を公表するものとする。
2　大学は、前項の措置に加え、当該大学の教育研究等の総合的な状況について、政令で定める期間ごとに、文部科学大臣の認証を受けた者(以下「認証評価機関」という。)による評価(以下「認証評価」という。)を受けるものとする。ただし、認証評価機関が存在しない場合その他特別の事由がある場合であつて、文部科学大臣の定める措置を講じているときは、この限りでない。
3　専門職大学院を置く大学にあつては、前項に規定するもののほか、当該専門職大学院の設置の目的に照らし、当該専門職大学院の教育課程、教員組織その他教育研究活動の状況について、政令で定める期間ごとに、認証評価を受けるものとする。ただし、当該専門職大学院の課程に係る分野について認証評価を行う認証評価機関が存在しない場合その他特別の事由がある場合であつて、文部科学大臣の定める措置を講じているときは、この限りでない。
4　前二項の認証評価は、大学からの求めにより、大学評価基準(前二項の認証評価を行うために認証評価機関が定める基準をいう。次条において同じ。)に従つて行うものとする。

第三条　国は、この法律の運用に当たっては、国立大学及び大学共同利用機関における教育研究の特性に常に配慮しなければならない。

第九条　文部科学省に、国立大学法人等に関する事務を処理させるため、国立大学法人評価委員会（以下「評価委員会」という。）を置く。

2　評価委員会は、次に掲げる事務をつかさどる。

一　国立大学法人等の業務の実績に関する評価に関すること。

二　その他この法律によりその権限に属させられた事項を処理すること。

3　前項に定めるもののほか、評価委員会の組織、所掌事務及び委員その他の職員その他評価委員会に関し必要な事項については、政令で定める。

第十条　各国立大学法人に、役員として、その長である学長及び監事二人を置く。

2　各国立大学法人に、役員として、それぞれ別表第一の第四欄に定める員数以内の理事を置く。

第十一条　学長は、学校教育法（昭和二十二年法律第二十六号）第九十二条第三項に規定する職務を行うとともに、国立大学法人を代表し、その業務を総理する。

2　学長は、次の事項について決定をしようとするときは、学長及び理事で構成する会議（第五号において「役員会」という。）の議を経なければならない。

一　中期目標についての意見（国立大学法人等が第三十条第三項の規定により文部科学大臣に対し述べる意見をいう。以下同じ。）及び年度計画に関する事項

二　この法律により文部科学大臣の認可又は承認を受けなければならない事項

三　予算の作成及び執行並びに決算に関する事項

四　当該国立大学、学部、学科その他の重要な組織の設置又は廃止に関する事項

五　その他役員会が定める重要事項
3　理事は、学長の定めるところにより、学長を補佐して国立大学法人の業務を掌理し、学長に事故があるときはその職務を代理し、学長が欠員のときはその職務を行う。
4　監事は、国立大学法人の業務を監査する。
5　監事は、監査の結果に基づき、必要があると認めるときは、学長又は文部科学大臣に意見を提出することができる。
第十二条　学長の任命は、国立大学法人の申出に基づいて、文部科学大臣が行う。
2　前項の申出は、第一号に掲げる委員及び第二号に掲げる委員各同数をもって構成する会議(以下「学長選考会議」という。)の選考により行うものとする。
8　監事は、文部科学大臣が任命する。
第十三条　理事は、前条第七項に規定する者のうちから、学長が任命する。
2　学長は、前項の規定により理事を任命したときは、遅滞なく、文部科学大臣に届け出るとともに、これを公表しなければならない。
第三十条　文部科学大臣は、六年間において国立大学法人等が達成すべき業務運営に関する目標を中期目標として定め、これを当該国立大学法人等に示すとともに、公表しなければならない。これを変更したときも、同様とする。
2　中期目標においては、次に掲げる事項について定めるものとする。
一　教育研究の質の向上に関する事項
二　業務運営の改善及び効率化に関する事項
三　財務内容の改善に関する事項
四　教育及び研究並びに組織及び運営の状況について自ら行う点検及び評価並びに当該状況に係る情報の提供に関する事項

五　その他業務運営に関する重要事項

3　文部科学大臣は、中期目標を定め、又はこれを変更しようとするときは、あらかじめ、国立大学法人等の意見を聴き、当該意見に配慮するとともに、評価委員会の意見を聴かなければならない。

第三十一条　国立大学法人等は、前条第一項の規定により中期目標を示されたときは、当該中期目標に基づき、文部科学省令で定めるところにより、当該中期目標を達成するための計画を中期計画として作成し、文部科学大臣の認可を受けなければならない。これを変更しようとするときも、同様とする。

2　中期計画においては、次に掲げる事項を定めるものとする。

一　教育研究の質の向上に関する目標を達成するためとるべき措置

二　業務運営の改善及び効率化に関する目標を達成するためとるべき措置

三　予算（人件費の見積りを含む。）、収支計画及び資金計画

四　短期借入金の限度額

五　重要な財産を譲渡し、又は担保に供しようとするときは、その計画

六　剰余金の使途

七　その他文部科学省令で定める業務運営に関する事項

3　文部科学大臣は、第一項の認可をしようとするときは、あらかじめ、評価委員会の意見を聴かなければならない。

4　文部科学大臣は、第一項の認可をした中期計画が前条第二項各号に掲げる事項の適正かつ確実な実施上不適当となったと認めるときは、その中期計画を変更すべきことを命ずることができる。

5　国立大学法人等は、第一項の認可を受けたときは、遅滞なく、その中期計画を公表しなければならない。

Ⅴ　私立学校法

第三十五条　学校法人には、役員として、理事五人以上及び監事二人以上を置かなければならない。

2　理事のうち一人は、寄附行為の定めるところにより、理事長となる。
第三十六条　学校法人に理事をもつて組織する理事会を置く。
2　理事会は、学校法人の業務を決し、理事の職務の執行を監督する。
3　理事会は、理事長が招集する。理事(理事長を除く。)が、寄附行為の定めるところにより、理事会の招集を請求したときは、理事長は、理事会を招集しなければならない。
4　理事会に議長を置き、理事長をもつて充てる。
5　理事会は、理事の過半数の出席がなければ、その議事を開き、議決することができない。
6　理事会の議事は、寄附行為に別段の定めがある場合を除いて、出席した理事の過半数で決し、可否同数のときは、議長の決するところによる。
第三十七条　理事長は、学校法人を代表し、その業務を総理する。
2　理事(理事長を除く。)は、寄附行為の定めるところにより、学校法人を代表し、理事長を補佐して学校法人の業務を掌理し、理事長に事故があるときはその職務を代理し、理事長が欠けたときはその職務を行う。
3　監事の職務は、次のとおりとする。
一　学校法人の業務を監査すること。
二　学校法人の財産の状況を監査すること。
三　学校法人の業務又は財産の状況について、毎会計年度、監査報告書を作成し、当該会計年度終了後二月以内に理事会及び評議員会に提出すること。
四　第一号又は第二号の規定による監査の結果、学校法人の業務又は財産に関し不正の行為又は法令若しくは寄附行為に違反する重大な事実があることを発見したときは、これを所轄庁に報告し、又は理事会及び評議員会に報告すること。
五　前号の報告をするために必要があるときは、理事長に対して評議員会の招集を請求すること。

六　学校法人の業務又は財産の状況について、理事会に出席して意見を述べること。

第三十八条　理事となる者は、次の各号に掲げる者とする。

一　当該学校法人の設置する私立学校の校長(学長及び園長を含む。以下同じ。)

二　当該学校法人の評議員のうちから、寄附行為の定めるところにより選任された者(寄附行為をもつて定められた者を含む。次号及び第四十四条第一項において同じ。)

三　前二号に規定する者のほか、寄附行為の定めるところにより選任された者

2　学校法人が私立学校を二以上設置する場合には、前項第一号の規定にかかわらず、寄附行為の定めるところにより、校長のうち、一人又は数人を理事とすることができる。

3　第一項第一号及び第二号に規定する理事は、校長又は評議員の職を退いたときは、理事の職を失うものとする。

4　監事は、評議員会の同意を得て、理事長が選任する。

な

は

ま

や

ら

索　引

欧字

あ

か

さ

た

著者略歴

山本眞一（やまもと しんいち）
桜美林大学大学院大学アドミニストレーション研究科教授
（前 広島大学高等教育研究開発センター長）

1949 年大阪府生まれ。
1972 年、東京大学法学部卒業後、同年文部省に入り、高等教育局、初等中等教育局、大臣官房などを経て、1989 年埼玉大学大学院政策科学研究科助教授、1992 年筑波大学助教授（教育学系）、1996 年同教授・大学研究センター長。2006 年広島大学高等教育研究開発センター教授、2007 年同センター長。2012 年桜美林大学教授。
文部省在職中の 1979 年筑波大学大学院への人事院派遣制度による国内留学で経済学修士。1996 年、教育学で筑波大学から博士号取得。1988 年から 89 年までの 1 年間、米国科学財産（ＮＳＦ）で調査研究活動にあたる。
専門分野は、高等教育システム論および科学技術政策論。大学のマネージメントや学術研究資源配分問題などが、目下の研究および実践課題。
現在、UNESCO 基礎科学プログラム理事、大学評価・学位授与機構運営委員など、実務活動にも協力中。
著書：『生涯学習・日本と世界』（共著）1995 年　エムティ出版
『現代の大学院教育』（共著） 1995 年　玉川大学出版部
" Industrializing Knowledge "（共著） 1999 年　MIT Press
『大学の構造転換と戦略』2002 年　ジアース教育新社
『大学の構造転換と戦略 Part 2』2002 年　ジアース教育新社
『SD（スタッフ・ディベロップメント）が育てる大学経営人材』2004 年　文葉社
など。

大学事務職員のための高等教育システム論（新版）－より良い大学経営専門職となるために

2012年4月10日　初　版第1刷発行
2017年4月20日　初　版第3刷発行
〔検印省略〕
定価はカバーに表示してあります。

著者©山本眞一／発行者　下田勝司
印刷・製本　中央精版印刷

東京都文京区向丘1-20-6　郵便振替 00110-6-37828
〒113-0023　TEL(03)3818-5521　FAX(03)3818-5514
発行所 株式会社 東信堂
Published by TOSHINDO PUBLISHING CO., LTD.
1-20-6, Mukougaoka, Bunkyo-ku, Tokyo, 113-0023 Japan
E-mail:tk203444@fsinet.or.jp　http://www.toshindo-pub.com

ISBN978-4-7989-0120-6　C3037